EL ARTE DE VIVIR LIBRE

ESTOICISMO Y AUTODOMINIO

ESTOICO

CONTENIDO

CAPÍTULO 1: DEFINIENDO LA LIBERTAD ESTOICA: DIFERENCIANDO ENTRE LIBERTAD EXTERNA E INTERNA

El concepto de libertad constituye un pilar esencial en la filosofía estoica, encarnando una dicotomía que trasciende la mera capacidad de actuar sin restricciones. Mientras que en la percepción común la libertad suele asociarse con la capacidad de realizar acciones sin coerción, los estoicos proponen una visión mucho más profunda y compleja, que distingue entre la libertad externa y la libertad interna. Este capítulo se dedica a desentrañar estas dos concepciones y a explorar cómo ambas influyen en la calidad de nuestra existencia y en la consecución de la felicidad. Para los estoicos, la verdadera libertad radica en la profundidad del ser, en una autonomía que no está sujeta a los caprichos del destino ni a las vicisitudes del mundo exterior, sino en la capacidad de gobernarse a sí mismo incluso en las circunstancias más adversas.

La Naturaleza de la Libertad Externa

La libertad externa se refiere al ámbito del cuerpo y a la esfera tangible de la existencia: la posibilidad de decidir, de moverse, de poseer. Es una libertad que depende del entorno material, del contexto social y político, de los derechos civiles y de las circunstancias contingentes de la vida. Para muchos, la libertad se circunscribe a estos dominios: tener el derecho de actuar, de hablar y de trazar un rumbo en la vida sin restricciones visibles. Desde esta perspectiva, la libertad se reduce a la ausencia de cadenas físicas o coerciones externas. Sin embargo, los estoicos, como Epicteto y Séneca, sostienen que esta visión es superficial y limitada. Epicteto, quien experimentó la esclavitud, enseñaba que, aunque su cuerpo pudiera estar sujeto al dominio de otro, su mente y su voluntad siempre permanecían inviolables. La libertad externa, en la visión estoica, es precaria y efímera, ya que depende del azar, del capricho de los hombres y de las fuerzas externas. Depositar nuestra felicidad en ella sería como construir sobre arena. Las circunstancias externas, desde la perspectiva estoica, pertenecen a la categoría de los "indiferentes": bienes o situaciones que pueden preferirse, pero que no deben condicionar la integridad del alma ni dominar la voluntad racional. La fragilidad de la libertad externa se manifiesta en su vulnerabilidad: puede ser arrebatada en un instante por factores fuera de nuestro control. Un cambio en el poder político, una crisis económica, una enfermedad—todos estos eventos pueden socavar la libertad externa y despojar al individuo de lo que consideraba seguro. Esta comprensión llevó a los estoicos a enfatizar la necesidad de trascender esta forma de libertad. Vivir dependiente de las circunstancias externas es vivir expuesto a la incertidumbre constante, permitiendo que nuestra tranquilidad dependa de fuerzas incontrolables y efímeras, y, en última instancia, convirtiéndose en una ilusión de libertad.

La Libertad Interna: El Verdadero Poder del Individuo

En contraposición, la libertad interna se convierte en el núcleo de la filosofía estoica. No se trata de poseer el mundo externo, sino de poseerse a uno mismo, de ejercer el dominio sobre los propios pensamientos, deseos y emociones. Es la capacidad de autogobernarse, de mantener la autonomía del espíritu frente a las turbulencias de la existencia. Marco Aurelio, el emperador filósofo, expresó en sus "Meditaciones" que, aunque no podemos controlar el viento, siempre podemos ajustar las velas de nuestra mente. La libertad interna es la verdadera serenidad del alma, una calma que no depende del silencio exterior, sino de la paz cultivada en el interior.

Esta libertad permite la fidelidad a los propios principios, actuar desde la virtud sin sucumbir al miedo, a la ira o al deseo. La libertad interna es la única libertad real, la que siempre permanece bajo nuestro control. Mientras que el mundo externo está en constante cambio, la libertad de la mente puede mantenerse como una roca inmutable, ofreciendo un refugio de paz interior que no puede ser arrebatado por las circunstancias. La libertad interna es, en esencia, un santuario al que podemos retirarnos cuando el mundo exterior se vuelve caótico e incierto. Es la capacidad de mantener la ecuanimidad, la claridad y la sabiduría incluso cuando todas las estructuras externas parecen desmoronarse. Esta libertad reside en el núcleo de lo que somos y es, por tanto, indestructible, una fortaleza que el destino y las adversidades externas no pueden invadir.

La Distinción Entre lo que Depende de Nosotros y lo que No

En el corazón del estoicismo yace un principio fundamental: la distinción entre lo que depende de nosotros y lo que no. Epicteto subraya que la clave para una vida libre y feliz consiste en dirigir nuestra atención hacia lo que está bajo nuestro control—nuestros pensamientos, decisiones y acciones—y apartarla de lo que escapa a nuestra voluntad. La riqueza, la salud, la fama e incluso nuestra propia existencia no dependen de nosotros y, como nubes en el cielo, pasan sin que podamos retenerlas. Intentar aferrarnos a ellas solo genera frustración y sufrimiento. La aceptación de lo que no está bajo nuestro control no implica resignación, sino una profunda comprensión de la naturaleza de las cosas y una reorientación de nuestras expectativas. En esta aceptación radica la auténtica libertad: la libertad de ser fieles a nuestros valores, de actuar con integridad, y de elegir nuestra actitud frente a los eventos inevitables. Es convertirnos en capitanes de nuestro destino, no porque dominemos el mar, sino porque sabemos cómo navegar en él, comprendiendo sus corrientes y aprendiendo a ajustar nuestro curso según lo exija la travesía. Dejar de lado aquello que no podemos controlar es liberar una pesada carga que hemos llevado innecesariamente. Es soltar el miedo al futuro, el resentimiento por el pasado y la ansiedad por aquello que escapa a nuestro alcance. Al centrarnos en lo que sí podemos controlar— nuestros pensamientos, nuestra actitud, nuestras acciones— encontramos una profunda libertad. Esta es la esencia de la libertad estoica: el desapego de todo aquello que no depende de nosotros, y la entrega plena a lo que sí podemos dominar.

Ejemplos Estoicos de Libertad Interna

La tradición estoica está repleta de ejemplos de individuos que encontraron la libertad interna en medio de las circunstancias más adversas. Epicteto, esclavo en cuerpo, pero libre en espíritu, demostró que la verdadera libertad no está condicionada por cadenas o prisiones físicas. Aunque su cuerpo pudiera ser sometido, su mente permanecía libre, siendo su dominio un reino que ninguna tiranía podía profanar. Marco Aurelio, un emperador con el peso del mundo sobre sus hombros, comprendió que el verdadero poder no residía en las legiones o en el trono, sino en la virtud, en la serenidad frente a la adversidad, en la capacidad de actuar con justicia y amor por la humanidad, aun cuando el caos lo rodeaba. En sus "Meditaciones" reflexiona sobre la verdadera batalla que se libra en el interior del ser humano, y nos recuerda que la única victoria relevante es la paz del alma. Por su parte, Séneca, quien se movió entre el lujo y el peligro, comprendió que la riqueza y el poder son tan efímeros como las sombras. Ante la orden de Nerón de terminar con su vida, Séneca demostró que la verdadera libertad estriba en la elección de cómo enfrentar incluso la muerte. Su serenidad al aceptar su destino nos revela que la libertad más profunda es aquella que emana de la virtud y de la razón, una libertad que ninguna autoridad terrenal puede arrebatar. Estos ejemplos ilustran que la libertad interna no es una mera abstracción filosófica, sino una vivencia concreta. Es la capacidad de Epicteto de encontrar alegría en la esclavitud, de Marco Aurelio de gobernar con sabiduría en medio del caos, de Séneca de enfrentar la muerte con dignidad. Es, en última instancia, la capacidad de cada uno de nosotros de encontrar paz en el sufrimiento, de actuar con virtud cuando todo parece perdido, de ser fieles a nuestros principios sin importar las circunstancias.

La Libertad Estoica en la Vida Cotidiana

La libertad interna no es simplemente un ideal filosófico abstracto, sino una práctica cotidiana, un ejercicio continuo del alma. En un mundo repleto de distracciones, exigencias y expectativas, la filosofía estoica se erige como un faro que nos guía hacia lo esencial. Nos invita a centrar nuestra atención en aquello que está bajo nuestro control: nuestros pensamientos, nuestras acciones y nuestra actitud ante los desafíos. En la vida laboral, en el hogar y en las relaciones personales, la libertad interna nos capacita para vivir sin ser esclavos de las circunstancias externas. Nos enseña a actuar con integridad, sin dejarnos arrastrar por el juicio ajeno, y a no depender de los vaivenes del mundo exterior. Nos invita a vivir de acuerdo con nuestros valores, sin ser arrastrados por el flujo constante de expectativas externas y deseos efímeros. La libertad interna nos permite ver el trabajo no como una carga, sino como una oportunidad para expresar nuestras capacidades y contribuir al bienestar colectivo. Nos enseña a enfrentar los desafíos sin temor, a aceptar los fracasos como parte del proceso, y a celebrar los éxitos sin apego. En cada momento, tenemos la libertad de elegir nuestra actitud, de decidir cómo queremos actuar, y de ser fieles a nuestra propia naturaleza. En las relaciones, la libertad interna es la capacidad de amar sin poseer, de dar sin esperar, de estar presente sin exigir. Nos permite estar con los demás desde un lugar de plenitud y libertad, sin cadenas invisibles que nos aten a sus actos o respuestas. Es un amor sin condiciones, una aceptación que nos libera del deseo de controlar o cambiar al otro, y en esa aceptación se encuentra una forma de amor más pura, auténtica y libre. La libertad interna nos libera de los resentimientos y del rencor, de la necesidad de tener siempre la razón. Nos permite perdonar, no porque los otros lo merezcan, sino porque nosotros merecemos estar en paz. Nos enseña a dejar atrás el pasado, a vivir en el presente y a mirar al futuro con esperanza, sin temor. Nos permite ser auténticos, sin máscaras ni artificios, sin la necesidad de aparentar lo que no somos.

El Papel de la Virtud en la Libertad Estoica

La virtud es el camino que conduce a la verdadera libertad, el sendero que nos permite ser dueños de nosotros mismos. Ser virtuoso es ser libre, porque la virtud implica vivir en armonía con la razón y con la naturaleza, actuar con justicia, valentía, moderación y sabiduría. Cuando vivimos según la virtud, no somos esclavos de nuestras pasiones ni de nuestros miedos. Nos liberamos de los caprichos de deseos efímeros y de temores irracionales. La virtud nos confiere el poder de ser verdaderamente autónomos, de ser quienes realmente somos, sin importar las circunstancias. La virtud nos enseña que la felicidad no depende de lo que nos ocurre, sino de cómo respondemos ante ello. Nos libera del miedo al futuro, de la angustia del pasado y de la ansiedad del presente. Nos permite vivir con serenidad, con propósito, y alcanzar una paz que no está condicionada por lo externo, sino que emana de nuestra propia alma. Practicar la virtud es un acto de resistencia contra la tiranía de las emociones desbordadas, contra la esclavitud de deseos insaciables, contra el miedo paralizante. Practicar la virtud es ejercer el dominio sobre uno mismo, es decidir quién queremos ser, cómo queremos vivir, y cómo queremos responder ante el sufrimiento, la pérdida y la incertidumbre. Es vivir con dignidad, con valentía, con amor por la verdad y la justicia. La virtud nos enseña la paciencia, la compasión, la fortaleza. Nos enseña a ver el sufrimiento como una oportunidad para crecer, el fracaso como una ocasión para aprender, la adversidad como una oportunidad para demostrar nuestra valía. Nos recuerda que la verdadera riqueza no reside en lo que poseemos, sino en lo que somos, en la calidad de nuestro carácter, en nuestra capacidad de amar, de ayudar, de crear y de ser.

La Libertad Estoica Como Meta

La libertad estoica no es un don que se nos concede, sino una conquista del espíritu, un trabajo constante de la mente y del corazón. Es la independencia que surge cuando dejamos de buscar fuera lo que solo podemos encontrar dentro de nosotros mismos. Es el fruto de la práctica diaria, de la reflexión y del esfuerzo por vivir conforme a nuestros principios, por ser fieles a nuestro auténtico ser. La libertad estoica es la libertad del alma, una libertad que no depende del azar, ni de la posesión de bienes, ni del poder externo. Es la libertad de vivir en paz con uno mismo, de actuar con rectitud, y de encontrar la felicidad en lo único que siempre ha sido nuestro: nuestra capacidad de elegir y de ser. Al diferenciar entre la libertad externa e interna, los estoicos nos muestran que la auténtica libertad es la que reside dentro de nosotros, la que nos permite ser dueños de nuestra vida incluso en las circunstancias más adversas. Así, la libertad estoica se convierte en una meta, en un sendero que recorremos cada día, un viaje hacia el interior de nuestro ser. Es la búsqueda de la paz, de la virtud, de la verdadera felicidad. Una libertad que, aunque invisible, es más real y duradera que cualquier cosa que el mundo externo pueda ofrecer. Es un viaje que requiere coraje, porque nos enfrenta a nuestras propias sombras y debilidades. Pero también es un viaje lleno de esperanza, porque nos recuerda que, sin importar cuán oscuro sea el entorno, siempre hay una luz dentro de nosotros. Esa luz es la libertad interna: la libertad de ser quienes realmente somos, de vivir con integridad, con amor y con propósito. Cada día representa una nueva oportunidad para practicar esta libertad, para elegir nuestras acciones, para dirigir nuestros pensamientos, para cultivar nuestra paz interior. Cada día es una oportunidad para ser verdaderamente libres, para vivir con plenitud, para encontrar en nosotros mismos la fuente de toda felicidad. Esta es la promesa de la libertad estoica: una libertad que no depende de nada ni de nadie, una libertad que es nuestra, aquí y ahora, y que siempre lo será.

CAPÍTULO 2: EL PODER DEL AUTOCONTROL: CÓMO DOMINAR LAS PASIONES Y LOS DESEOS PARA ALCANZAR LA LIBERTAD

El autocontrol es una virtud cardinal en la filosofía estoica, esencial para alcanzar la libertad y la verdadera autonomía del espíritu. La tradición estoica, profundamente consciente de las complejidades de la naturaleza humana, identifica el autocontrol como una prerrogativa fundamental para la emancipación del individuo. En este capítulo, analizaremos cómo la capacidad de dominar las pasiones y deseos no solo nos preserva de la esclavitud emocional, sino que también nos permite afirmar nuestra autodeterminación, incluso en medio de las vicisitudes externas. Esta virtud no implica una negación de la emotividad humana, sino una orientación racional que da sentido y dirección a las emociones, conduciéndolas hacia el propósito virtuoso que sostiene la serenidad del alma. En última instancia, el autocontrol es la llave que nos abre las puertas a una existencia donde la libertad interna trasciende cualquier circunstancia externa.

La Naturaleza de las Pasiones y los Deseos

Para los estoicos, las pasiones son perturbaciones del alma, resultado de juicios irracionales sobre la realidad. Las pasiones, como la ira, el miedo, la envidia o los celos, son vistas como fuerzas desestabilizadoras que nos apartan de la calma y nos sumergen en un estado de disonancia emocional. Los deseos, por otro lado, son impulsos que buscan la satisfacción del placer o la evasión del dolor, y si se les permite, pueden ejercer una influencia desmesurada sobre nuestra voluntad, nublando nuestra capacidad de actuar con virtud. Los estoicos no rechazan la existencia de estos sentimientos, sino la falta de moderación ante ellos, la incapacidad de racionalizarlos y de mantenerlos en el justo lugar que corresponde a la naturaleza humana. El deseo desmedido es la raíz de muchas formas de sufrimiento humano, pues nos hace dependientes de aquello que no está bajo nuestro control. Cuando anhelamos desesperadamente la riqueza, el reconocimiento o el placer, entregamos nuestra paz al dominio de factores externos, sujetos a la incertidumbre y a las fluctuaciones del destino. De este modo, nos volvemos vulnerables y caemos en la frustración y el descontento perpetuo. En cambio, el autocontrol nos devuelve la autonomía y la independencia, recordándonos que la verdadera libertad no se encuentra en lo que obtenemos del mundo, sino en nuestra capacidad para dirigir nuestra mente y nuestras decisiones. Aprender a gobernar nuestros deseos implica alcanzar una paz que no depende de las circunstancias externas, sino de la integridad interna y la firmeza del espíritu. En la filosofía estoica, se establece una distinción crucial entre los deseos naturales y los deseos artificiales. Los deseos naturales están vinculados a las necesidades fundamentales del ser humano, como la alimentación y el descanso, mientras que los deseos artificiales surgen de una tendencia a buscar lujos y excesos innecesarios. Epicteto nos enseña que, al discernir entre estos dos tipos de deseos, podemos cultivar una vida más austera y enfocada en lo esencial, reduciendo así el sufrimiento que emana de la insatisfacción constante. El autocontrol, entonces, se convierte en la capacidad de identificar qué deseos son dignos de ser perseguidos y cuáles deben ser abandonados para alcanzar una vida de equilibrio y virtud.

Autocontrol: Un Camino Hacia la Libertad Interna

El autocontrol, tal como lo conceptualizan los estoicos, no es una supresión de la emocionalidad humana, sino un ejercicio de autodominio que permite canalizar nuestras energías hacia el bien y la virtud. Consiste en la capacidad de discernir entre deseos congruentes con nuestra naturaleza racional y aquellos que nacen de impulsos efímeros que nos desvían de nuestro propósito. En este sentido, el autocontrol es un acto de afirmación del ser, una manifestación del amor propio que nos impulsa a gobernarnos en lugar de ser gobernados por las circunstancias. Es una expresión de la fortaleza interior que subyace en la virtud, y que nos motiva a actuar conforme a nuestros principios sin ceder a la presión de los deseos efímeros. Marco Aurelio, en sus "Meditaciones", subraya la importancia de la disciplina interior como medio para alcanzar la serenidad y la plenitud. Mantener la calma ante los desafíos de la vida y no permitir que nuestras pasiones nublen nuestro juicio nos permite actuar con coherencia y alineación con nuestros valores más elevados. Por ello, el autocontrol no debe percibirse como una restricción, sino como una liberación: es el poder de decidir nuestras respuestas al mundo, de actuar desde la virtud en lugar de reaccionar instintivamente. Es la capacidad de examinar nuestras emociones con objetividad, de comprender sus causas y de decidir racionalmente si vale la pena darles lugar o dejarlas ir. La invitación estoica es a examinar cada deseo que surge en nuestra mente, a cuestionarlo críticamente, a rastrear su origen y a ponderar su propósito. Es en este examen donde podemos distinguir entre los deseos que añaden valor a nuestra existencia y aquellos que nos conducen a la dependencia y a la esclavitud. El sabio no es aquel que carece de emociones, sino aquel que sabe qué sentir y en qué medida. Practicar el autocontrol no es un acto de represión, sino de verdadera afirmación de la libertad racional, un proceso continuo de autoconocimiento y vigilancia de los estados mentales, que nos mantiene en armonía con nuestro ideal de vida y con nuestra propia naturaleza racional.

Las Pasiones y el Poder de la Razón

En la visión estoica, las pasiones emergen de juicios erróneos sobre la realidad. Cuando interpretamos los eventos de manera irracional, los dotamos de significados que producen perturbación emocional. Por ejemplo, creer que perder un empleo es una tragedia absoluta o que una crítica constituye una afrenta insuperable, nos conduce a emociones como el miedo, la ira o la desesperación. Estas pasiones son adversarias de la libertad, ya que nos impulsan a actuar en detrimento de nuestros principios y valores. La incapacidad de ver la situación con objetividad nos sumerge en una espiral de irracionalidad que compromete nuestra integridad. El poder del autocontrol radica en la capacidad de reevaluar nuestros juicios, de someter nuestras percepciones a la razón, y de transformar, a través de este proceso, nuestra respuesta emocional. Epicteto nos recuerda que no son los eventos en sí mismos los que nos perturban, sino los juicios que formulamos sobre ellos. Dominar nuestras pasiones implica, entonces, reeducar nuestra mente para interpretar la realidad de una manera acorde con la razón y la virtud, sin cargas emocionales innecesarias que desestabilicen nuestra paz. Esta reeducación no es un acto aislado, sino un proceso de crecimiento continuo, en el cual cada desafío que enfrentamos representa una oportunidad para fortalecer nuestra capacidad de razonar y actuar virtuosamente. Practicar el autocontrol no implica la supresión de las emociones, sino su comprensión, moderación y canalización hacia fines virtuosos. La razón, como facultad superior, tiene el poder de transformar las pasiones en fuerzas constructivas que nos impulsan a actuar conforme al bien. Así, el deseo de justicia puede inspirarnos a contribuir al bienestar común, mientras que una ira bien dirigida puede motivarnos a corregir una injusticia, siempre y cuando esté bajo el control de la razón. En lugar de sucumbir a las pasiones, aprendemos a utilizarlas como herramientas que nos permiten actuar de manera constructiva y significativa.

La Práctica del Autocontrol en la Vida Cotidiana

El autocontrol no es una virtud que se adquiera de manera súbita; es el resultado de una práctica constante y de un ejercicio consciente que se desarrolla día a día. Los estoicos nos exhortan a enfrentar cada jornada como una oportunidad para fortalecer nuestra capacidad de autodominio. Cada situación que nos desafía—cuando nos sentimos tentados a reaccionar con ira, cuando el deseo nos impulsa a actuar irreflexivamente—es una ocasión para ejercer el autocontrol y reafirmar nuestra libertad interna. Esta práctica cotidiana convierte al autocontrol en una cualidad inherente a nuestro carácter, una segunda naturaleza que nos guía incluso en los momentos de mayor incertidumbre. En la vida cotidiana, el autocontrol se manifiesta en los pequeños gestos: en cómo respondemos ante un insulto, en la capacidad de posponer una gratificación inmediata por un bien mayor, en la voluntad de mantenernos fieles a nuestros principios aun cuando las circunstancias nos inviten a abandonarlos. Estos actos, aunque aparentemente insignificantes, se acumulan y configuran nuestro carácter, forjando una mente libre y una voluntad firme. Cada pequeño ejercicio de autocontrol contribuye a la construcción de un ser que no se deja arrastrar por las corrientes del momento, sino que permanece firme en su propósito y en su orientación ética. Para los estoicos, la clave del autocontrol reside en la conciencia plena de nuestros impulsos y en la disposición para confrontarlos y evaluarlos racionalmente.

Practicar la reflexión diaria, como hacía Marco Aurelio al registrar sus pensamientos, nos permite identificar patrones en nuestro comportamiento y cuestionar los deseos que nos desvían de la serenidad. La práctica del autocontrol también implica aceptar nuestras propias limitaciones y reconocer que, aunque no siempre lograremos estar a la altura de nuestras expectativas, el esfuerzo constante por mejorar ya constituye un acto de virtud. La aceptación de nuestras limitaciones también fomenta una actitud de compasión hacia nosotros mismos, recordándonos que el progreso moral es un proceso y no un destino inmediato. El autocontrol también tiene un impacto significativo en la calidad de nuestras relaciones interpersonales. En situaciones de conflicto, la inclinación natural puede ser reaccionar impulsivamente. No obstante, el autocontrol nos brinda la oportunidad de detenernos, evaluar objetivamente la situación y elegir una respuesta alineada con nuestros principios. Este autocontrol no solo evita que reaccionemos de manera desmesurada, sino que también contribuye a cultivar relaciones más armoniosas y fundamentadas en el respeto mutuo. De este modo, el autocontrol se convierte en un componente esencial no solo para nuestro bienestar personal, sino también para nuestra interacción con el entorno social.

El Autocontrol y la Resiliencia Estoica

La resiliencia es, en muchos sentidos, un corolario natural del autocontrol. Cuando logramos dominar nuestras pasiones y deseos, adquirimos una capacidad superior para enfrentar la adversidad sin sucumbir a ella. La resiliencia, entendida como la habilidad de resistir y superar las dificultades, se nutre de la práctica del autocontrol, ya que nos permite mantener la ecuanimidad ante el dolor y la incertidumbre. Para los estoicos, el autocontrol era la clave para soportar el sufrimiento sin perder la dignidad, para mantener una disposición serena incluso en las circunstancias más desafiantes. Cultivar el autocontrol nos prepara para afrontar la vida con serenidad, sin importar la magnitud de las tormentas que enfrentemos. Séneca, en sus cartas a Lucilio, insiste en la importancia de preparar la mente para los desafíos inevitables de la existencia. Para él, el autocontrol fortalece nuestra capacidad para enfrentar el infortunio con serenidad y determinación. Cuando hemos aprendido a dominar nuestras pasiones, el sufrimiento pierde su capacidad de abrumarnos.

No se trata de eliminar el dolor, sino de cambiar nuestra relación con él: percibirlo como una parte integral de la experiencia humana, como una oportunidad para demostrar nuestra fortaleza y reafirmar nuestra libertad interna. Cada desafío que la vida presenta es, por tanto, un campo de entrenamiento donde ejercitamos nuestra capacidad para mantenernos firmes, sin apartarnos de lo que consideramos esencial. El autocontrol, entonces, constituye la base de una vida resiliente, una herramienta indispensable para enfrentar la incertidumbre y el sufrimiento sin comprometer nuestra paz interior. Al practicar el autocontrol, cultivamos una fortaleza que nos permite mantenernos inquebrantables frente a la adversidad, no porque seamos insensibles al dolor, sino porque hemos aprendido a no permitir que nos gobierne. Esta fuerza interior nos permite mirar la adversidad con serenidad y reconocer que, aunque no podamos controlar lo que sucede a nuestro alrededor, siempre tenemos el poder de decidir cómo responder. En la resiliencia estoica, el autocontrol y la aceptación se entrelazan para formar una armadura impenetrable que nos protege no del dolor, sino del desánimo y la desesperación.

El Autocontrol Como Fuente de Libertad

El poder del autocontrol radica en la capacidad de preservar nuestra autonomía frente a los impulsos irracionales y en la afirmación de nuestra libertad interna frente a las pasiones que buscan esclavizarnos. Los estoicos nos enseñan que el verdadero poder no reside en someter a otros, sino en gobernarse a sí mismo. Dominar las pasiones y los deseos no significa vivir sin emociones, sino vivir sin ser esclavizados por ellas. Significa usar la razón para guiar nuestras acciones, para elegir conscientemente cómo queremos responder a cada situación y, de este modo, vivir de acuerdo con nuestra verdadera naturaleza racional y virtuosa. Es encontrar un equilibrio donde las emociones estén al servicio de nuestros valores y no al contrario. El autocontrol es una fuente de libertad porque nos libera de la dependencia emocional, de la necesidad de que el mundo exterior se conforme a nuestros deseos para poder ser felices.

Nos permite encontrar la paz en medio de la tormenta, mantener la serenidad cuando todo parece estar fuera de nuestro control. Nos recuerda que, aunque las circunstancias externas escapen a nuestra influencia, siempre podemos controlar nuestra actitud, nuestras decisiones y nuestra forma de ser. Es la afirmación de que, sin importar lo que suceda, tenemos la capacidad de ser los dueños de nuestro propio destino. En última instancia, el autocontrol es el arte de vivir en coherencia con nuestros principios más elevados, de mantenernos fieles a nosotros mismos, de no ceder ante la presión de los deseos pasajeros ni de las pasiones que nos arrastran. Es la manifestación concreta de la libertad estoica, una libertad que no puede ser concedida ni arrebatada, sino que se cultiva día a día, en cada pensamiento, en cada acción, en cada decisión. Así, el poder del autocontrol nos conduce a la verdadera libertad: la libertad de ser quienes realmente somos, de vivir con propósito y de alcanzar la paz interior que constituye el bien supremo para los estoicos. El camino del autocontrol es un proceso continuo de aprendizaje y práctica. No siempre lograremos dominar nuestras pasiones, y habrá ocasiones en las que sucumbiremos ante los impulsos. Sin embargo, cada intento, cada esfuerzo por actuar desde la razón en lugar de reaccionar desde la emoción, representa un avance significativo hacia la libertad. La verdadera grandeza del autocontrol no se encuentra en una perfección inalcanzable, sino en la perseverancia, en la voluntad de intentarlo una y otra vez, en el compromiso con nuestro propio crecimiento moral.

Así, el autocontrol se erige como el cimiento sobre el cual construimos una vida de virtud y de libertad. Es la herramienta que nos permite vivir de acuerdo con nuestros valores, enfrentar la adversidad con dignidad y hallar la paz en medio del caos. Es la clave para una existencia plena, donde somos los autores de nuestra propia historia, libres de las cadenas de las pasiones y de los deseos desmedidos. Es, en definitiva, el camino hacia la auténtica libertad estoica, una libertad que nace en el interior y se proyecta en cada aspecto de nuestra vida.

CAPÍTULO 3: LIBERTAD Y RESPONSABILIDAD: LA RESPONSABILIDAD PERSONAL COMO COMPONENTE ESENCIAL DE LA LIBERTAD

En la filosofía estoica, los conceptos de libertad y responsabilidad se hallan inextricablemente entrelazados, formando la base de una vida que aspira a la virtud y a la autonomía genuina. La verdadera libertad, según los estoicos, trasciende la mera ausencia de restricciones externas; se trata, más bien, de la capacidad de gobernarse a uno mismo conforme a la razón y la virtud. En este contexto, la libertad auténtica se fundamenta en la responsabilidad personal: en la capacidad de tomar decisiones racionales y actuar en coherencia con principios éticos elevados. Este capítulo analiza cómo la responsabilidad personal constituye el núcleo de la libertad estoica, permitiendo al individuo emanciparse de la dependencia emocional y alcanzar una autonomía moral plena. Analizaremos cómo la filosofía estoica proporciona un marco conceptual robusto que favorece una vida de autodeterminación y coherencia moral, explorando también las profundas implicaciones de la responsabilidad para la tranquilidad del alma.

Libertad Como Elección Responsable

La libertad, desde la perspectiva estoica, no se define simplemente como la capacidad de actuar sin restricciones externas, sino como la habilidad de actuar en conformidad con la razón. La libertad implica la facultad de elegir deliberadamente lo que está alineado con la virtud, lo cual demanda una profunda responsabilidad hacia uno mismo. Sin responsabilidad, la libertad se reduce a una mera satisfacción de impulsos momentáneos, carente de dirección y propósito. Ser verdaderamente libre significa poder dirigir las propias acciones hacia el bien, un objetivo que solo puede lograrse mediante la asunción de responsabilidad sobre nuestras decisiones. Este concepto de libertad responsable está intrínsecamente relacionado con el logos, la razón universal que ordena el cosmos. Alinearse con el logos significa actuar en consonancia con el orden racional del universo; es esta alineación la que confiere autenticidad y valor a nuestra libertad. La libertad, en este sentido, no es la simple ausencia de restricciones, sino la libertad consciente de ejercer el autocontrol y actuar conforme a la razón. La auténtica libertad se manifiesta cuando el individuo actúa como un agente racional, evaluando constantemente sus deseos y acciones a la luz de la virtud. Así, la responsabilidad se convierte en una parte esencial de la libertad: sin responsabilidad no hay alineación con la razón, y sin esta alineación, la libertad no es más que una ilusión. La filosofía estoica insta al individuo a reconocer su responsabilidad sobre las percepciones, pensamientos y acciones. Si bien las circunstancias externas están a menudo fuera de nuestro control, nuestra respuesta ante dichas circunstancias sí depende de nosotros. Es aquí donde radica la verdadera libertad: en la capacidad de moldear nuestras respuestas, de guiar nuestras emociones y pensamientos hacia un propósito virtuoso, y de asumir la plena responsabilidad sobre cómo actuamos frente a los desafíos de la vida. Esta forma de libertad, fundada en la responsabilidad personal, nos permite trascender las limitaciones del entorno y hallar una independencia genuina mediante la autodeterminación racional. Al asumir la responsabilidad de nuestras acciones, abrazamos la capacidad de actuar en el mundo de manera que refleje nuestros valores fundamentales, logrando así un sentido profundo de propósito y coherencia con el orden natural.

El Papel de la Responsabilidad en la Vida Cotidiana

Para los estoicos, la responsabilidad personal no es una obligación moral abstracta, sino una práctica diaria, un ejercicio constante que nos permite vivir de acuerdo con nuestros valores. Es precisamente a través de la responsabilidad como afirmamos nuestra libertad. La responsabilidad se manifiesta en la vida cotidiana a través de nuestras reacciones ante los eventos externos, en la forma en que gestionamos nuestras relaciones y en cómo enfrentamos nuestros propios errores y limitaciones. Ser responsables implica tomar posesión de nuestras decisiones, aceptar las consecuencias de nuestras acciones y aprender de ellas, en lugar de buscar excusas o culpables externos. En sus "Meditaciones", Marco Aurelio enfatiza la importancia de la responsabilidad individual sobre los pensamientos y acciones. Reflexiona sobre la necesidad de ser fieles a nosotros mismos y de actuar con integridad, incluso cuando no hay espectadores, pues la verdadera libertad reside en vivir conforme a nuestra propia naturaleza racional, no en buscar la aprobación de los demás. Esta responsabilidad personal se convierte en el núcleo de una vida auténticamente libre, una vida en la cual cada acción está guiada por la virtud y no por el temor al juicio o a la crítica externa. En este contexto, la práctica cotidiana de la responsabilidad es una afirmación inequívoca de nuestra autonomía moral y de nuestro compromiso con la integridad. La asunción de responsabilidad también implica la capacidad de reconocer y aceptar nuestros errores sin recurrir al miedo o la evasión. Para los estoicos, el error no es un fracaso definitivo, sino una oportunidad para el aprendizaje y la mejora continua. Cuando aceptamos la responsabilidad por nuestros errores, nos liberamos del peso de la culpa y del resentimiento, y abrimos la puerta al crecimiento personal.

La responsabilidad nos otorga el poder de transformar nuestras debilidades en fortalezas, de utilizar nuestros errores como herramientas para nuestra evolución moral y espiritual. Aceptar nuestras limitaciones y aprender de ellas es un proceso esencial para cultivar una mente libre de orgullo desmesurado, capaz de autocorrección y abierta al perfeccionamiento constante. La responsabilidad también juega un papel fundamental en la forma en que nos relacionamos con los demás. Los estoicos nos enseñan que debemos ser responsables no solo de nuestras acciones directas, sino también del impacto que estas tienen en quienes nos rodean. La responsabilidad en las relaciones humanas se manifiesta a través de la justicia y la empatía, promoviendo decisiones que favorezcan no solo nuestro bienestar individual, sino también el bienestar colectivo. Ser responsables en nuestras relaciones implica considerar cómo nuestras palabras y acciones afectan a los demás y asumir un papel activo en la construcción de vínculos basados en la honestidad, el respeto y la reciprocidad. Solo a través de esta responsabilidad podemos contribuir al orden y la armonía que el logos nos invita a buscar en cada uno de nuestros actos.

Libertad Interna y Autonomía Moral

Para los estoicos, la verdadera libertad es la libertad del alma: la capacidad de vivir conforme a la virtud, independientemente de las circunstancias externas. Esta libertad interna solo puede alcanzarse a través de la responsabilidad personal. Al asumir la responsabilidad de nuestras acciones y decisiones, nos liberamos de la esclavitud de las excusas, del hábito de culpar a los demás o a las circunstancias por nuestro estado de ánimo o comportamiento. La autonomía moral es, por tanto, un resultado directo de la responsabilidad personal: es el acto de reconocernos como los únicos responsables de nuestra conducta y del rumbo que damos a nuestra vida. Epicteto, uno de los grandes exponentes del estoicismo, enseñaba que lo único que verdaderamente nos pertenece es nuestra capacidad de elección, nuestro juicio. Todo lo demás—riqueza, salud, posición social—está sujeto a las vicisitudes del destino y, por ende, no está bajo nuestro control.

De este modo, la responsabilidad de utilizar nuestro juicio de manera correcta se convierte en la clave para alcanzar la libertad verdadera. Asumir esta responsabilidad nos permite actuar con sabiduría, mantener la calma frente a la adversidad y evitar convertirnos en esclavos de nuestras pasiones o de las expectativas ajenas. La autonomía moral también implica un compromiso constante con la virtud. Los estoicos sostenían que solo la vida guiada por la virtud es auténticamente libre, ya que únicamente cuando nuestras acciones están alineadas con la razón y la virtud podemos ser verdaderamente nosotros mismos, sin ser arrastrados por fuerzas externas o impulsos irracionales. Asumir la responsabilidad de vivir conforme a la virtud, incluso cuando enfrentamos circunstancias adversas, nos permite acceder a una forma de libertad que trasciende las limitaciones materiales y conecta nuestra existencia con nuestra verdadera naturaleza racional. La autonomía surge de la comprensión de que nuestro propósito más elevado es actuar en armonía con el logos, contribuyendo al orden cósmico mediante nuestras elecciones individuales. La responsabilidad no se limita al ámbito de las acciones externas, sino que se extiende al cultivo de nuestras actitudes y pensamientos. La autonomía moral exige una vigilancia constante sobre nuestras inclinaciones y la disposición a corregirnos cuando nos desviamos del camino de la virtud. Los estoicos reconocían que la vida virtuosa requiere una lucha constante contra las inclinaciones irracionales y las pasiones desordenadas. Al asumir la responsabilidad sobre nuestros pensamientos y emociones, desarrollamos una autonomía que no depende de factores externos, sino de nuestra capacidad de ser dueños de nuestro propio carácter. Esta autonomía constituye la base de una vida libre y auténtica, donde nuestras acciones reflejan verdaderamente nuestra naturaleza racional y nuestro compromiso con el bien.

Responsabilidad y la Tranquilidad del Alma

La relación entre responsabilidad y libertad se manifiesta de manera directa en la tranquilidad del alma, uno de los objetivos centrales del estoicismo. Cuando asumimos la responsabilidad por nuestras acciones y decisiones, dejamos de ser víctimas de las circunstancias externas y recuperamos el control sobre nuestra vida. Esta recuperación del control nos otorga una profunda serenidad, ya que comprendemos que, si bien no podemos cambiar lo que ocurre a nuestro alrededor, siempre podemos decidir cómo responder ante ello. La responsabilidad nos libera de la ansiedad que surge del intento de controlar lo incontrolable y nos permite enfocar nuestras energías en aquello que verdaderamente está bajo nuestro dominio: nuestras elecciones, nuestras actitudes y nuestras acciones. Séneca, en sus escritos, subraya la importancia de la responsabilidad como fuente de paz interior. Aceptar la responsabilidad por nuestros pensamientos y acciones nos permite vivir sin remordimientos, sin miedo al juicio de los demás y sin la carga de expectativas ajenas. La responsabilidad personal nos libera del peso del resentimiento, ya que comprendemos que nuestra felicidad no depende de factores externos, sino de la manera en que elegimos percibir y responder a los desafíos de la vida. Esta comprensión es la base de la tranquilidad del alma, una calma que no puede ser perturbada por los altibajos del destino. La verdadera serenidad se logra al vivir en coherencia con nuestros valores y principios, y esta coherencia solo es posible mediante la responsabilidad personal. La tranquilidad del alma también requiere la aceptación de la inevitabilidad de ciertas circunstancias. Los estoicos nos enseñan que gran parte de nuestra angustia proviene de resistir aquello que está más allá de nuestro control. Al asumir la responsabilidad de nuestras respuestas y aceptar lo que no podemos cambiar, nos liberamos del sufrimiento innecesario. La aceptación estoica no es una resignación pasiva, sino un reconocimiento activo de la realidad que nos permite enfocar nuestras energías en lo que realmente importa: nuestras decisiones y nuestra forma de vivir conforme a la virtud. La responsabilidad, entonces, se convierte en la clave para mantenernos serenos ante la incertidumbre y el cambio, brindándonos una libertad interior que es inmune a los caprichos del destino.

La Responsabilidad Como Camino Hacia la Libertad

La responsabilidad personal es el fundamento de la verdadera libertad estoica. Los estoicos nos enseñan que solo a través de la asunción de responsabilidad podemos alcanzar una vida plenamente autónoma y virtuosa. La libertad no es simplemente la ausencia de restricciones externas, sino la capacidad de actuar de acuerdo con la razón y la virtud, independientemente de las circunstancias. Esta libertad interna, que se manifiesta en la autodeterminación y en la coherencia con nuestros valores, solo es posible cuando asumimos la responsabilidad de nuestras acciones y decisiones. Al ser responsables, ejercemos nuestro poder de elegir y de actuar en armonía con el orden racional del cosmos, lo cual es la expresión máxima de la libertad estoica.

La responsabilidad nos otorga el poder de ser los arquitectos de nuestra propia vida, de decidir cómo queremos responder a los desafíos que enfrentamos y de vivir en consonancia con nuestros principios más elevados. Nos permite liberarnos de la esclavitud de las excusas, de la culpa y del resentimiento, y nos otorga la tranquilidad del alma que solo se encuentra en la coherencia interna. En última instancia, la responsabilidad es el camino hacia la libertad estoica, una libertad que no depende de factores externos, sino de nuestra capacidad de elegir, de actuar y de ser fieles a nosotros mismos. Al asumir la responsabilidad, nos comprometemos a vivir una vida de virtud y propósito, alineada con nuestra verdadera naturaleza racional. La libertad y la responsabilidad son, por tanto, dos caras de la misma moneda. No podemos ser verdaderamente libres sin asumir la responsabilidad de nuestra vida, y no podemos ser responsables sin alcanzar la libertad de ser quienes realmente somos. La responsabilidad nos conduce a la virtud, y la virtud nos conduce a la libertad. Así, al asumir la responsabilidad de nuestras acciones, nos encaminamos hacia una vida de auténtica autonomía, una vida donde somos los dueños de nuestro destino y donde encontramos la paz y la serenidad que los estoicos consideraban el bien supremo. Es a través de la responsabilidad que logramos elevarnos por encima de los impulsos y condicionamientos externos, alcanzando una existencia en la que la verdadera libertad es vivir conforme al logos, en coherencia con la naturaleza y en plena posesión de nosotros mismos.

CAPÍTULO 4: ROMPIENDO LAS CADENAS DEL MIEDO: CÓMO EL MIEDO LIMITA NUESTRA LIBERTAD Y CÓMO SUPERARLO

El miedo constituye uno de los obstáculos más formidables para alcanzar la libertad genuina. En la filosofía estoica, el miedo es percibido como una cadena que impide la acción racional y virtuosa, restringiendo nuestra capacidad de elección. El miedo afecta no solo nuestras acciones externas, sino también nuestras decisiones internas, condicionando nuestras percepciones y respuestas hacia la vida. En este capítulo, examinaremos cómo el miedo, en sus múltiples manifestaciones, constriñe nuestra libertad y nuestra capacidad para vivir conforme a nuestra verdadera naturaleza racional. Asimismo, analizaremos las herramientas que nos ofrece el estoicismo para romper estas cadenas y alcanzar la serenidad derivada del valor y del autocontrol. Superar el miedo es, en esencia, el camino hacia una libertad interna que no puede ser arrebatada por las vicisitudes externas.

La Naturaleza del Miedo y sus Manifestaciones

Para comprender cómo el miedo limita nuestra libertad, es fundamental entender primero la naturaleza del miedo. En el pensamiento estoico, el miedo es una pasión, una respuesta emocional que surge de juicios erróneos o irracionales sobre la realidad. Cuando experimentamos miedo, estamos interpretando una situación como una amenaza para nuestro bienestar, nuestra seguridad o nuestra felicidad. Sin embargo, la mayoría de nuestros miedos no se basan en hechos objetivos, sino en percepciones distorsionadas que nos impiden ver la realidad tal cual es.

En lugar de guiarnos por la razón, nos dejamos llevar por suposiciones infundadas, expectativas negativas o recuerdos dolorosos, lo cual nos mantiene atrapados en un estado de vulnerabilidad y ansiedad. El miedo se manifiesta de múltiples maneras en nuestra vida cotidiana: miedo al fracaso, al rechazo, a perder el estatus o la seguridad, e incluso miedo a lo desconocido. Cada uno de estos miedos actúa como una barrera que impide nuestra acción libre y restringe nuestra capacidad de tomar decisiones alineadas con nuestros valores. Por ejemplo, el miedo al fracaso puede llevarnos a evitar desafíos o a abandonar nuestros sueños, mientras que el miedo al rechazo nos impulsa a conformarnos con relaciones o situaciones insatisfactorias, simplemente para evitar la desaprobación de los demás. Estos miedos limitan nuestra autonomía y nos impiden vivir en coherencia con nuestro propósito más elevado. Los estoicos enseñan que el miedo no es más que una respuesta a nuestras propias interpretaciones de los eventos, y no a los eventos en sí mismos. Epicteto nos recuerda que no son las cosas en sí las que nos perturban, sino los juicios que hacemos sobre ellas. Reconocer que el miedo surge de nuestras percepciones internas nos permite comprender que tenemos el poder de cambiar dichas percepciones y, en consecuencia, liberarnos del miedo.

Este reconocimiento es el primer paso hacia la libertad, pues nos capacita para recuperar el control sobre nuestras emociones y dirigir nuestras respuestas de una manera alineada con la razón y la virtud. El miedo no es únicamente una respuesta individual; también se refuerza a nivel social. Vivimos en una sociedad donde el miedo se alimenta constantemente: temor a la incertidumbre económica, a la presión social por el éxito, a la inseguridad ante el juicio de los demás. Esta atmósfera generalizada de temor perpetúa un estado de ansiedad que socava nuestra capacidad de actuar racionalmente y con autonomía. Comprender cómo las fuerzas sociales y culturales contribuyen a la generación del miedo es fundamental para liberarnos de él y afirmar nuestra libertad interna.

El Miedo como Límite de la Libertad

El miedo restringe nuestra libertad de múltiples maneras. En primer lugar, el miedo nos lleva a evitar situaciones que percibimos como peligrosas o amenazantes, incluso cuando tales situaciones son necesarias para nuestro crecimiento y desarrollo personal. El miedo al fracaso, por ejemplo, puede impedirnos asumir riesgos fundamentales para alcanzar nuestras metas, mientras que el miedo a la incertidumbre nos lleva a optar por la seguridad y la comodidad en lugar de perseguir nuestros verdaderos anhelos. Así, el miedo restringe nuestra capacidad de actuar con valentía y nos mantiene encerrados en una zona de confort que, aunque parece segura, en realidad limita nuestro potencial y nuestra libertad de ser quienes realmente somos. En segundo lugar, el miedo fomenta la dependencia de factores externos para sentirnos seguros y protegidos. Cuando vivimos con miedo, buscamos constantemente fuentes externas de seguridad: la aprobación de los demás, la acumulación de bienes materiales o el control sobre nuestro entorno. Esta dependencia nos convierte en esclavos de circunstancias fuera de nuestro control, lo cual nos impide alcanzar la verdadera libertad interna. Los estoicos sostenían que la única fuente auténtica de seguridad proviene del interior: nuestra capacidad para aceptar aquello que no podemos cambiar y actuar con virtud independientemente de las circunstancias. Al dejar que el miedo gobierne nuestras decisiones, entregamos nuestro poder a factores externos y renunciamos a la autonomía que es esencial para la libertad.

El miedo también limita nuestra capacidad de ser auténticos y de vivir en coherencia con nuestra verdadera esencia. Cuando el miedo nos domina, tendemos a ocultar partes de nosotros mismos, a adaptarnos a lo que los demás esperan y a renunciar a nuestra individualidad. Esta pérdida de autenticidad nos aleja de la libertad interna y nos convierte en prisioneros de las expectativas ajenas. En lugar de vivir de acuerdo con nuestros principios y valores, vivimos tratando de cumplir con estándares externos, lo cual nos impide desarrollar nuestra verdadera identidad y encontrar la paz que surge de ser quienes realmente somos. Finalmente, el miedo nos lleva a actuar en contra de nuestros valores y principios. Cuando el miedo se apodera de nosotros, nuestras decisiones se ven motivadas por el deseo de evitar el dolor o la incomodidad, en lugar de actuar conforme a lo que consideramos correcto y virtuoso. Esta falta de coherencia entre nuestras acciones y nuestros valores genera una disonancia interna que nos aleja de la tranquilidad del alma y nos impide experimentar la libertad auténtica. Para los estoicos, la verdadera libertad consiste en actuar de acuerdo con la razón y la virtud, y esto solo es posible cuando superamos el miedo y nos mantenemos fieles a nuestros principios, incluso en situaciones difíciles.

El Valor Estoico: La Respuesta al Miedo

La filosofía estoica nos ofrece una respuesta poderosa al miedo: el cultivo del valor. El valor estoico no consiste en la ausencia de miedo, sino en la capacidad de actuar a pesar del miedo, guiados por la razón y la virtud. Los estoicos reconocían que el miedo es una emoción natural y que, en determinadas circunstancias, puede incluso cumplir una función protectora. Sin embargo, también enseñaban que no debemos permitir que el miedo controle nuestras acciones o nos impida actuar conforme a nuestros principios. El valor, entonces, es la virtud que nos permite enfrentar el miedo y tomar decisiones racionales, incluso en presencia de temor. El valor estoico se manifiesta en la capacidad de reconocer el miedo sin dejarse dominar por él. Esto requiere una profunda introspección y la disposición de enfrentar nuestras emociones más vulnerables.

Marco Aurelio, en sus Meditaciones, nos recuerda que el miedo es una creación de nuestra mente y que podemos superarlo cambiando nuestra perspectiva sobre las situaciones que nos generan temor. Para Marco Aurelio, el valor surge de la comprensión de que nada externo puede dañarnos verdaderamente, ya que nuestra esencia reside en nuestra capacidad de elegir nuestras respuestas y actuar conforme a la virtud. Al reconocer que el miedo es simplemente una interpretación subjetiva de la realidad, podemos desactivar su poder sobre nosotros y actuar con serenidad y determinación. Una de las herramientas más importantes que nos ofrece el estoicismo para superar el miedo es la práctica de la visualización negativa, conocida como premeditatio malorum. Esta práctica consiste en imaginar de antemano las posibles dificultades o desafíos que podríamos enfrentar, con el propósito de prepararnos mentalmente y reducir el impacto del miedo. Al enfrentar nuestras peores suposiciones en nuestra mente, nos damos cuenta de que, aunque ocurran, somos capaces de soportarlas y mantener nuestra integridad. La premeditación de las adversidades nos ayuda a desarmar el miedo y a cultivar la resiliencia, recordándonos que, mientras mantengamos nuestra virtud, nada puede dañarnos realmente. Otro aspecto fundamental del valor estoico es la aceptación del destino. Los estoicos enseñaban que muchas de las cosas que tememos están fuera de nuestro control y que, al aceptar esta realidad, podemos liberarnos del miedo. La aceptación no es una resignación pasiva, sino una afirmación activa de nuestra capacidad para enfrentar lo que venga con serenidad y con la confianza de que, mientras sigamos actuando con virtud, estaremos cumpliendo con nuestro propósito. Al aceptar lo inevitable y centrar nuestra atención en lo que sí está bajo nuestro control—nuestras actitudes, decisiones y acciones—podemos superar el miedo y vivir con una libertad interna que no depende de las circunstancias externas.

La Libertad Que Surge del Coraje

Superar el miedo es esencial para alcanzar la verdadera libertad, ya que el miedo constituye uno de los principales impedimentos para la autodeterminación y la autonomía moral. Cuando somos capaces de actuar con valor, a pesar del miedo, recuperamos nuestro poder de elegir nuestras respuestas y de dirigir nuestra vida en coherencia con nuestros valores y principios.

Esta libertad interna, que surge del coraje, es la única forma de libertad que no puede ser arrebatada por las vicisitudes del destino, ya que se encuentra enraizada en nuestra capacidad de actuar con virtud y de mantenernos fieles a nosotros mismos, sin importar las circunstancias. El coraje nos permite vivir sin temor a lo desconocido, abrazando la incertidumbre como una parte inevitable de la existencia humana. Los estoicos enseñan que la vida está llena de desafíos y de eventos impredecibles, y que la única manera de vivir plenamente es enfrentarlos con una actitud de apertura y confianza en nuestra capacidad para actuar correctamente. El coraje nos libera del miedo al fracaso, recordándonos que el verdadero fracaso no reside en enfrentar dificultades, sino en renunciar a nuestros valores y propósito por temor al sufrimiento.

Cuando vivimos con coraje, estamos dispuestos a asumir riesgos y a enfrentar adversidades, entendiendo que cada desafío es una oportunidad para fortalecer nuestra virtud y crecer como seres humanos. Además, el coraje nos permite liberarnos de la dependencia de factores externos para nuestra seguridad y bienestar. Cuando cultivamos el valor estoico, comprendemos que la verdadera seguridad no proviene de la acumulación de bienes materiales, de la aprobación de los demás ni del control sobre nuestro entorno, sino de nuestra capacidad para actuar con virtud en cualquier circunstancia. Esta comprensión nos libera del miedo a perder lo que tenemos o a no alcanzar lo que deseamos, ya que nuestra felicidad y paz interior no dependen de lo externo, sino de nuestra coherencia con la virtud.

Al actuar con coraje, nos liberamos de las cadenas del miedo y alcanzamos una libertad que no puede ser condicionada por las circunstancias. El coraje también nos da la capacidad de transformar las dificultades en oportunidades de crecimiento. Los estoicos consideraban que cada adversidad era una oportunidad para fortalecer el carácter y practicar la virtud. Al enfrentar nuestros miedos y superarlos, no solo nos liberamos de sus limitaciones, sino que también desarrollamos una resiliencia que nos permite enfrentar futuros desafíos con mayor confianza y serenidad. La verdadera libertad no es la ausencia de dificultades, sino la capacidad de enfrentarlas con valentía, aprender de cada experiencia y utilizarla para avanzar en nuestro camino hacia la virtud.

El Camino del Valor y la Libertad

Romper las cadenas del miedo es un requisito indispensable para alcanzar la verdadera libertad. El miedo, como una pasión que surge de juicios irracionales, nos limita y nos impide actuar conforme a la razón y la virtud. Nos mantiene atrapados en una dependencia emocional y nos priva de la autonomía necesaria para vivir de acuerdo con nuestro propósito más elevado. Sin embargo, la filosofía estoica nos ofrece una salida: el cultivo del valor, la aceptación del destino y la práctica del autocontrol. Al enfrentar el miedo con coraje, recuperamos nuestra libertad de elegir nuestras respuestas y de actuar en coherencia con nuestros principios, independientemente de las circunstancias externas. La libertad que surge del coraje es una libertad interna, una libertad que no depende de la ausencia de dificultades, sino de nuestra capacidad de enfrentarlas con serenidad y confianza en nuestra habilidad para actuar virtuosamente. Esta libertad nos permite vivir sin temor, abrazando cada desafío como una oportunidad para crecer y fortalecer nuestra virtud. Al romper las cadenas del miedo, alcanzamos una vida de auténtica autonomía, una vida donde somos los dueños de nuestro destino y encontramos la paz y serenidad que los estoicos consideraban el bien supremo. El camino del valor nos conduce a la libertad, y la libertad nos permite vivir conforme a nuestra verdadera naturaleza racional, en plena armonía con el logos y en posesión de nosotros mismos.

Romper las cadenas del miedo no es un proceso que ocurra de la noche a la mañana; es un viaje de introspección, práctica constante y fortalecimiento del carácter. Cada vez que enfrentamos nuestros miedos con valor, ganamos una pequeña batalla que nos acerca más a la libertad interna. La filosofía estoica nos invita a ver cada obstáculo como una oportunidad para ejercer nuestras virtudes, especialmente el coraje. En última instancia, el coraje no es solo una herramienta para superar el miedo, sino la clave para vivir una vida plena, libre de las ataduras que nos imponemos a nosotros mismos. Al cultivar el valor, transformamos el miedo en una fuerza impulsora que nos motiva a crecer y a perseguir nuestro propósito con determinación. De este modo, el coraje se convierte en el fundamento de una libertad que no conoce límites y que nos permite vivir en coherencia con nuestra verdadera esencia racional. La libertad estoica es, por tanto, la libertad de ser quienes realmente somos, sin restricciones, sin miedos paralizantes, y en plena armonía con el universo que habitamos.

CAPÍTULO 5: LIBERTAD A TRAVÉS DE LA ACEPTACIÓN: ACEPTANDO LO QUE NO PODEMOS CONTROLAR PARA ALCANZAR LA PAZ INTERIOR

La libertad, en el contexto del pensamiento estoico, no es simplemente la capacidad de actuar sin restricciones externas, sino una forma profunda de autodeterminación que solo puede alcanzarse mediante la aceptación consciente de aquello que escapa a nuestro control. La aceptación de la realidad tal como es, sin resistencias innecesarias ni expectativas infundadas, se presenta como un camino fundamental hacia la paz interior. En este capítulo, exploraremos cómo la aceptación, entendida como un reconocimiento y alineación con el orden natural de las cosas, constituye la base de la verdadera libertad estoica. Veremos cómo, al dejar de luchar contra lo inevitable, liberamos nuestras energías para concentrarnos en lo que realmente está bajo nuestro dominio: nuestras actitudes, juicios y acciones. Este enfoque nos permite vivir con serenidad, alcanzando un estado de tranquilidad del alma que trasciende las circunstancias externas.

El Concepto Estoico de Aceptación

La aceptación, para los estoicos, no es una resignación pasiva o fatalista, sino una afirmación activa del orden natural. En el estoicismo, el mundo está regido por el logos, un principio racional que ordena el cosmos y lo hace comprensible. Al alinearnos con el logos, aceptamos que hay aspectos de la existencia que están más allá de nuestro control, como la salud, la riqueza, la opinión de los demás y, en última instancia, la muerte. Esta aceptación nos permite dejar de gastar nuestras energías en tratar de cambiar lo que no puede ser cambiado y, en su lugar, nos invita a concentrar nuestro esfuerzo en mejorar aquello que sí está bajo nuestro control: nuestra virtud y nuestro carácter. La clave de la aceptación estoica radica en distinguir entre lo que podemos y no podemos controlar. Epicteto, en su Enchiridion, expone claramente esta distinción. Según él, nuestro control se limita a nuestros juicios, deseos, impulsos y, en general, a nuestras elecciones morales. Todo lo demás—circunstancias externas, reacciones de otros, eventos futuros—escapa a nuestra influencia. Este discernimiento nos permite enfocar nuestras acciones en aquello que verdaderamente importa y nos otorga la libertad de no ser perturbados por aquello que está fuera de nuestro alcance.

Aceptar lo que no podemos controlar no significa negar nuestras emociones o dejar de aspirar a nuestros objetivos. Significa, más bien, reconfigurar nuestras expectativas y aceptar que el curso de la vida incluye tanto logros como adversidades. Los estoicos enseñan que la verdadera virtud reside en nuestra respuesta a las circunstancias, no en las circunstancias en sí. A través de la aceptación, aprendemos a mantener la ecuanimidad frente a los altibajos de la vida y a encontrar la paz interna al saber que estamos haciendo lo mejor que podemos, independientemente de los resultados externos.

El Desafío de Aceptar la Incertidumbre

Uno de los mayores desafíos a los que nos enfrentamos es la aceptación de la incertidumbre inherente a la vida. La necesidad de certeza y la aversión a lo desconocido son fuentes importantes de ansiedad y sufrimiento. En la búsqueda de control sobre lo incontrolable, muchas veces caemos en patrones de comportamiento que solo incrementan nuestra frustración y angustia. El estoicismo nos insta a cambiar nuestra relación con la incertidumbre, no viéndola como una amenaza, sino como una característica inevitable de la existencia humana. La incertidumbre, para los estoicos, no es algo a temer, sino una oportunidad para ejercer nuestra virtud. La aceptación de la incertidumbre requiere un cambio profundo en la manera en que percibimos nuestra vida y nuestro lugar en el mundo. Marco Aurelio, en sus Meditaciones, reflexiona sobre la naturaleza efímera de la existencia y la inevitabilidad del cambio. Al aceptar que todo está en constante transformación, podemos liberarnos del temor a perder lo que tenemos o a enfrentar lo inesperado. La vida, en última instancia, está compuesta de eventos fuera de nuestro control, y nuestra tarea no es resistir estos cambios, sino enfrentarlos con dignidad y virtud. Esta perspectiva nos lleva a la realización de que la verdadera libertad no se encuentra en controlar el futuro, sino en responder al presente con sabiduría y valentía.

En lugar de resistir la incertidumbre, los estoicos nos enseñan a prepararnos para ella mediante el ejercicio de la premeditatio malorum, la anticipación de los posibles infortunios. Esta práctica no busca fomentar un estado de pesimismo, sino fortalecer nuestra resiliencia y ayudarnos a enfrentar los eventos con una mente clara y sin miedo. Al visualizar de antemano las adversidades, nos entrenamos para aceptar lo que pueda venir, con la certeza de que nuestra paz interior no depende de las circunstancias, sino de nuestra actitud hacia ellas. La aceptación de la incertidumbre, por tanto, es un acto de coraje que nos permite vivir sin el constante temor a lo desconocido y nos dota de la libertad para actuar sin las cadenas del miedo. La incertidumbre, en última instancia, es una constante en la vida de todos los seres humanos. Nadie puede predecir con certeza lo que ocurrirá en el futuro, ni puede garantizar que todo se desarrolle de acuerdo con sus expectativas. Esta imprevisibilidad puede ser una fuente constante de ansiedad y preocupación si no aprendemos a relacionarnos con ella desde una perspectiva racional. La aceptación estoica nos invita a reconocer que la incertidumbre es parte del orden natural y que nuestro papel no es eliminarla, sino aprender a coexistir con ella de manera virtuosa. Cuando aceptamos la incertidumbre, estamos reconociendo la verdadera naturaleza de la existencia y cultivando una disposición mental que nos permite enfrentar cualquier eventualidad con serenidad.

La Tranquilidad del Alma a Través de la Aceptación

La tranquilidad del alma, o ataraxia, es uno de los objetivos centrales de la filosofía estoica. Esta serenidad no se logra a través de la evasión del sufrimiento, sino mediante la aceptación consciente de la realidad tal como es. Cuando dejamos de luchar contra aquello que no podemos cambiar, dejamos de ser víctimas de nuestras propias expectativas y deseos insatisfechos. La aceptación nos permite vivir en el presente sin el lastre del resentimiento por el pasado o la ansiedad por el futuro. Nos libera de la carga de querer controlar cada aspecto de nuestra existencia y nos permite encontrar paz en la simple acción de vivir con virtud. Séneca, en sus cartas a Lucilio, enfatiza que la verdadera paz interior proviene de la aceptación del destino. La práctica de la aceptación nos lleva a reconocer que el sufrimiento a menudo surge de la resistencia a lo inevitable. Al aceptar nuestro destino—no como una sumisión pasiva, sino como una afirmación activa de nuestra capacidad para responder con integridad y virtud—, podemos alcanzar un estado de tranquilidad que no depende de las circunstancias externas. Esta tranquilidad nos permite enfrentar el dolor, la pérdida y las dificultades con una actitud serena, sin perder nuestra conexión con el logos y sin sacrificar nuestra autonomía moral.

El acto de aceptar también implica un reconocimiento de nuestras propias limitaciones. Los estoicos no sugieren que seamos omnipotentes, sino que reconozcamos los límites de nuestra capacidad para influir en el mundo. Aceptar que no podemos cambiar ciertos aspectos de la realidad nos libera de la presión de querer ser infalibles o todopoderosos. Al hacerlo, podemos redirigir nuestras energías hacia lo que realmente importa: cultivar nuestras virtudes, actuar con sabiduría y ser útiles a los demás. Esta actitud nos permite vivir con humildad, reconociendo que somos parte de un orden mayor y que nuestra tarea no es dominar ese orden, sino contribuir a él de la mejor manera posible.

La tranquilidad del alma también implica un desapego saludable de los resultados de nuestras acciones. Cuando aceptamos que no todo está bajo nuestro control, aprendemos a valorar el esfuerzo virtuoso en sí mismo, sin depender de los resultados externos para definir nuestra satisfacción. Esta actitud nos permite actuar con determinación y propósito, pero sin el peso de la ansiedad por el futuro o el arrepentimiento por el pasado. La ataraxia es, en este sentido, una liberación del sufrimiento que acompaña a la expectativa constante de resultados específicos, y nos ofrece la oportunidad de vivir cada momento con una mente clara y en paz.

Aceptación y Acción: Un Equilibrio Estoico

Es importante destacar que la aceptación estoica no debe confundirse con la inacción o la apatía. Aceptar lo que no podemos controlar no significa que debamos abandonar el esfuerzo por mejorar nuestras circunstancias o contribuir al bienestar colectivo. La aceptación, en el marco estoico, se combina con la acción virtuosa. La filosofía estoica promueve una vida activa, en la que aceptamos los límites de nuestro control, pero también asumimos la responsabilidad de actuar en aquellos ámbitos donde nuestras decisiones y acciones tienen impacto.

Epicteto nos recuerda que la libertad radica en actuar de acuerdo con la razón y la virtud, independientemente de las circunstancias externas. Al aceptar lo que no podemos cambiar, nos liberamos del sufrimiento que surge de la resistencia y podemos concentrar nuestras energías en aquellas áreas donde nuestra acción es efectiva. Esta actitud nos permite actuar con claridad y propósito, sin ser arrastrados por emociones destructivas o expectativas irreales. La aceptación y la acción virtuosa se complementan mutuamente: una nos proporciona la serenidad necesaria para enfrentar la vida sin miedo, y la otra nos impulsa a vivir de manera coherente con nuestros principios más elevados.

La práctica de la aceptación nos dota de una perspectiva más amplia sobre el significado de nuestras acciones. Entendemos que nuestros esfuerzos, aunque no siempre den los resultados esperados, son valiosos en sí mismos porque representan nuestra intención de vivir en armonía con la virtud. De esta manera, la aceptación nos permite actuar sin apego al resultado, lo cual es un signo de verdadera libertad. Al desprendernos de la necesidad de controlar los resultados, nos liberamos de la ansiedad que a menudo acompaña a nuestras acciones y encontramos satisfacción en el simple hecho de actuar de acuerdo con nuestra naturaleza racional.

El equilibrio entre la aceptación y la acción virtuosa nos permite vivir de manera proactiva, pero sin el peso del sufrimiento que surge de expectativas irrealizables. Los estoicos nos enseñan que debemos esforzarnos al máximo en todo lo que hacemos, pero también aceptar con serenidad lo que resulte de nuestros esfuerzos. Este equilibrio entre esfuerzo y aceptación es fundamental para alcanzar la verdadera libertad interior, ya que nos permite mantener una actitud constante de propósito y determinación, sin ser presa de la frustración o el desaliento cuando las cosas no salen como esperábamos.

El Papel del Amor Fati en la Aceptación Estoica

El concepto de amor fati, el amor al destino es un elemento crucial en la aceptación estoica. No se trata únicamente de aceptar lo que ocurre, sino de amar aquello que la vida nos presenta, incluso las dificultades y desafíos. Nietzsche, influenciado por el estoicismo, adopta este concepto para expresar una actitud afirmativa hacia la vida en su totalidad. Para los estoicos, el amor fati implica ver cada evento—ya sea placentero o doloroso— como una oportunidad para ejercer la virtud y crecer en sabiduría.

Aceptar y amar nuestro destino no significa evitar el dolor o la dificultad, sino abrazarlos como partes esenciales de la experiencia humana. Esta perspectiva transforma nuestra relación con la adversidad. En lugar de ver los desafíos como obstáculos a nuestra felicidad, los vemos como oportunidades para fortalecernos, para practicar la paciencia, la resistencia y la templanza. De este modo, el amor fati nos proporciona una forma de aceptación que no solo es resignada, sino también profundamente activa y afirmativa. Nos invita a decir "sí" a la vida en todas sus facetas, y en esa afirmación encontramos una libertad que trasciende las circunstancias. El amor fati también nos ayuda a desarrollar una actitud de gratitud hacia la vida, independientemente de las circunstancias. Cuando amamos nuestro destino, estamos agradecidos no solo por los momentos de alegría, sino también por las dificultades que nos permiten crecer. Esta gratitud nos proporciona una perspectiva más rica y profunda de la vida, en la que cada experiencia es valorada por su contribución a nuestro desarrollo moral y espiritual. Al cultivar el amor fati, aprendemos a ver la belleza incluso en los momentos de adversidad, y encontramos una libertad que nos permite vivir sin miedo, con una aceptación radical de todo lo que la vida nos ofrece.

La Libertad que Proviene de la Aceptación

La aceptación de lo que no podemos controlar es un componente esencial de la libertad estoica. Al aceptar el orden natural del cosmos y nuestra propia posición dentro de él, liberamos nuestra mente de la carga de querer controlar lo incontrolable y encontramos paz en la simplicidad de vivir de acuerdo con la virtud. La aceptación no es una rendición, sino una elección consciente de alinearnos con el logos y actuar en el mundo con serenidad y propósito. Esta aceptación nos permite alcanzar un estado de ataraxia, una tranquilidad del alma que no puede ser perturbada por las fluctuaciones del destino.

La libertad que surge de la aceptación es una libertad profunda y duradera. Es la libertad de no ser esclavos de nuestras propias expectativas, de nuestras ansiedades y de nuestros deseos insatisfechos. Al aceptar lo que no podemos cambiar, nos liberamos del sufrimiento innecesario y encontramos la paz interior que proviene de vivir en armonía con nuestra naturaleza racional. Esta libertad nos permite actuar sin miedo, con confianza en nuestra capacidad para enfrentar cualquier situación con dignidad y virtud. La aceptación, combinada con la acción virtuosa, nos permite vivir plenamente, libres de las cadenas de la resistencia y el resentimiento, y nos dota de la capacidad de amar la vida tal como es, con todas sus alegrías y desafíos. En última instancia, la aceptación estoica es una invitación a vivir con coraje y serenidad, reconociendo que, aunque no controlamos todo lo que nos ocurre, siempre tenemos el poder de elegir nuestra respuesta. Al aceptar nuestro destino con amor y actuar en consonancia con la virtud, alcanzamos la verdadera libertad: una libertad interna que no depende de las circunstancias externas, sino de nuestra capacidad para vivir de acuerdo con el logos y para abrazar cada momento con gratitud y sabiduría. Esta libertad nos permite vivir sin miedo, con una alegría serena que surge de la comprensión de que, en el gran esquema del cosmos, estamos haciendo lo mejor que podemos con lo que se nos ha dado, y eso es suficiente para alcanzar la paz interior y la verdadera satisfacción en la vida.

CAPÍTULO 6: LA VIRTUD COMO CAMINO A LA LIBERTAD: CÓMO VIVIR VIRTUOSAMENTE NOS LIBERA DE LAS ATADURAS DEL VICIO

Para los estoicos, la libertad representa el objetivo más elevado de la existencia humana, un ideal que no se alcanza mediante la acumulación de bienes materiales ni el dominio sobre los demás, sino a través de la práctica constante de la virtud. Vivir de manera virtuosa implica liberarse de las ataduras del vicio y del sufrimiento que surge de las pasiones desordenadas, logrando así una autonomía interna que trasciende las circunstancias externas. En este capítulo, analizaremos cómo la virtud se erige como el camino hacia la verdadera libertad, y cómo la práctica constante de las virtudes nos permite desatar los lazos del vicio, alcanzando un estado de paz y autodeterminación. Una comprensión profunda de la virtud y su papel en la vida cotidiana nos permitirá apreciar cómo vivir conforme a principios racionales y morales nos libera de las limitaciones impuestas por los deseos y temores irracionales.

La Virtud en el Estoicismo: El Pilar de la Libertad

En el estoicismo, la virtud es el fundamento esencial de la libertad. No se trata de una abstracción idealizada del comportamiento humano, sino de una práctica concreta y diaria que nos permite vivir en consonancia con nuestra naturaleza racional. Los estoicos identifican cuatro virtudes cardinales—sabiduría, justicia, templanza y coraje—como pilares fundamentales que nos orientan hacia la libertad. Estas virtudes son principios rectores que nos ayudan a afrontar la vida de manera sabia, justa y equilibrada, permitiéndonos superar los obstáculos internos y externos que impiden nuestra verdadera liberación.

La sabiduría es la capacidad de discernir entre lo que es beneficioso y lo que no lo es, permitiéndonos actuar en conformidad con el logos, el principio racional que ordena el universo. Cultivar la sabiduría nos capacita para tomar decisiones basadas en la razón en lugar de dejarnos llevar por las pasiones y los impulsos irracionales. Esta habilidad para discernir es fundamental para liberarnos de las cadenas del error y de la ignorancia, que nos conducen a actuar en detrimento de nuestro propio bienestar. La sabiduría nos enseña a priorizar aquello que verdaderamente tiene valor, evitando los deseos triviales que inevitablemente conducen a la frustración y al sufrimiento. La justicia, por otro lado, implica actuar de manera equitativa y respetuosa hacia los demás, reconociendo la interconexión de todos los seres humanos. Vivir con justicia nos libera de los vicios de la avaricia, la envidia y el egoísmo, y nos permite vivir en armonía con la comunidad. Esta armonía es esencial para alcanzar la libertad, pues nos permite actuar sin el peso de la culpa o el resentimiento, y nos conecta con el propósito superior de contribuir al bien común. La justicia nos impulsa a reflexionar sobre el impacto de nuestras acciones en los demás y a actuar siempre con un sentido de responsabilidad y equidad, fortaleciendo no solo nuestra propia libertad, sino también la de quienes nos rodean.

La templanza es la virtud que nos permite ejercer el autocontrol y la moderación tanto en nuestros deseos como en nuestras acciones. Al practicar la templanza, evitamos los excesos y las dependencias que nos esclavizan, ya sea en la búsqueda del placer o en la acumulación de bienes materiales. Esta virtud nos permite alcanzar un equilibrio interno que nos protege de los altibajos emocionales, brindándonos una libertad estable y duradera. La templanza nos enseña a disfrutar lo que tenemos sin sucumbir al deseo insaciable de siempre querer más, ayudándonos a desarrollar una relación sana con el placer y el bienestar, una relación en la que controlamos nuestros impulsos en lugar de ser controlados por ellos.

El coraje, por último, es la virtud que nos permite afrontar las adversidades con firmeza y serenidad. No implica la ausencia de miedo, sino la capacidad de actuar conforme a nuestros principios a pesar del temor. El coraje nos libera de la cobardía y la parálisis que el miedo puede provocar, permitiéndonos vivir de manera auténtica y fiel a nuestros valores, sin importar los obstáculos que enfrentemos. Esta virtud nos impulsa a actuar a pesar de la incertidumbre y a aceptar los desafíos de la vida como oportunidades para crecer y fortalecernos. El coraje no solo nos ayuda a enfrentar el peligro, sino también a resistir la presión social y mantenernos firmes en nuestras convicciones, lo cual es esencial para una libertad auténtica.

El Vicio como Obstáculo a la Libertad

Los vicios, según el pensamiento estoico, son hábitos y patrones de comportamiento que nos alejan de la virtud y nos mantienen esclavizados por nuestras propias pasiones. A diferencia de la libertad que surge de la autodeterminación racional, los vicios nos someten, pues nos llevan a actuar en contra de nuestra naturaleza racional y a perseguir placeres efímeros que no contribuyen al bienestar auténtico. El vicio, por tanto, es el principal enemigo de la libertad, ya que nos sujeta a deseos y temores que nos impiden actuar en consonancia con nuestra verdadera esencia. El vicio del deseo descontrolado, por ejemplo, nos lleva a buscar continuamente satisfacciones externas que nunca son suficientes para colmar nuestro vacío interior. Este deseo insaciable nos mantiene en un estado constante de dependencia, pues nuestra felicidad se vuelve contingente a la obtención de objetos o experiencias que están fuera de nuestro control.

En cambio, la virtud de la templanza nos enseña a moderar nuestros deseos y a encontrar satisfacción en lo que tenemos, liberándonos de la esclavitud del anhelo constante y permitiéndonos vivir con una sensación de plenitud interior. Practicar la templanza nos lleva a reconocer que la verdadera satisfacción no proviene de la acumulación de bienes materiales, sino de una actitud de gratitud y moderación. La ira es otro vicio que nos priva de la libertad. Cuando permitimos que la ira nos domine, perdemos nuestra capacidad de actuar racionalmente y nos convertimos en esclavos de nuestras emociones. La justicia y la templanza son las virtudes que nos permiten superar la ira, enseñándonos a actuar con equidad y moderación, incluso en situaciones que podrían provocarnos resentimiento o frustración. Al practicar estas virtudes, aprendemos a mantener la calma y a responder a las dificultades con serenidad, lo cual nos otorga una libertad emocional que no puede ser arrebatada por las circunstancias externas. Esta libertad emocional que surge al superar la ira nos permite tomar decisiones más sabias y actuar de una manera que favorezca nuestro bienestar a largo plazo. El miedo, también considerado un vicio cuando se convierte en un obstáculo constante para la acción, limita nuestra libertad al paralizarnos y evitar que actuemos conforme a nuestros valores. El coraje es la virtud que nos permite enfrentar el miedo y actuar a pesar de él, reconociendo que la verdadera libertad no consiste en la ausencia de miedo, sino en la capacidad de actuar de acuerdo con la virtud incluso en medio de las adversidades. Así, el coraje nos libera de la tiranía del miedo y nos permite vivir con autonomía y determinación. Superar el miedo no implica ignorar el peligro, sino afrontar la realidad con una disposición valiente y una confianza firme en nuestra capacidad para gestionar las dificultades que se presenten.

La Práctica de la Virtud: Un Camino Hacia la Emancipación Personal

Vivir virtuosamente no es un acto aislado, sino una práctica continua que requiere disciplina y reflexión constante. La filosofía estoica subraya la importancia de la autoobservación y la autocrítica como herramientas fundamentales para cultivar la virtud. Marco Aurelio, en sus Meditaciones, enfatiza la necesidad de examinar nuestras acciones diarias y corregir nuestras faltas para acercarnos cada vez más a la virtud. Esta práctica de autoevaluación nos permite identificar los vicios que nos mantienen esclavizados y trabajar conscientemente para superarlos, lo cual es esencial para alcanzar la libertad interna. La disciplina es un componente esencial en la práctica de la virtud. Sin disciplina, es fácil caer en la complacencia y permitir que los vicios echen raíces en nuestra vida. Los estoicos enseñaban que la verdadera libertad no se alcanza evitando las restricciones, sino imponiéndonos reglas que nos permitan actuar en conformidad con nuestros valores. La autodisciplina nos proporciona el marco necesario para cultivar la virtud y resistir las tentaciones que nos desvían de nuestro propósito. Al vivir de manera disciplinada, nos liberamos de la inconstancia y del desorden que acompañan una vida gobernada por las pasiones, y logramos una estabilidad interna que es la base de la libertad auténtica. La práctica de la virtud también implica una disposición constante al aprendizaje y al crecimiento. Los estoicos reconocen que la perfección es inalcanzable, pero eso no significa que debamos renunciar al esfuerzo de mejorar. La búsqueda de la virtud es un proceso continuo que exige humildad y apertura a la corrección. Esta actitud de humildad es, en sí misma, una fuente de libertad, ya que nos permite liberarnos del orgullo y del miedo al error, impulsándonos a crecer y desarrollarnos como seres humanos. Aceptar nuestras imperfecciones y trabajar para superarlas nos libera de la tiranía del ego y nos lleva hacia una libertad más profunda y auténtica.

El proceso de cultivar la virtud requiere, además, paciencia y perseverancia. Los vicios que nos esclavizan suelen estar profundamente arraigados en nuestros hábitos y patrones de pensamiento, y superarlos no es una tarea fácil ni rápida. La paciencia es, por lo tanto, una virtud indispensable para el progreso moral. Ser pacientes con nosotros mismos implica reconocer que el crecimiento es un proceso gradual, y que cada pequeño paso hacia la virtud nos acerca más a la libertad. Esta perspectiva nos permite mantenernos motivados y enfocados en nuestro propósito, incluso cuando enfrentamos retrocesos o dificultades. La práctica de la virtud no solo implica la mejora personal, sino también el compromiso con el bienestar de la comunidad. La justicia, como virtud cardinal, nos recuerda que nuestra libertad no se logra aislándonos de los demás, sino en relación con ellos. Al actuar con justicia, reconocemos la dignidad inherente de cada ser humano y trabajamos para promover el bien común. Esta visión de la virtud nos permite comprender que nuestra propia libertad está intrínsecamente ligada a la libertad de los demás y que, al contribuir al bienestar colectivo, fortalecemos nuestra capacidad para vivir conforme a la razón y la virtud. Al vivir en una comunidad donde prevalecen la justicia y el respeto mutuo, todos los individuos pueden alcanzar un mayor grado de libertad y florecimiento personal.

La Virtud como Fundamento de la Libertad Auténtica

La virtud, en el marco del estoicismo, es mucho más que un ideal abstracto; es la fuerza esencial que nos permite alcanzar una libertad genuina y duradera. La verdadera libertad no se encuentra en la eliminación de todos los obstáculos externos, sino en la capacidad de responder a las circunstancias con autonomía y racionalidad, guiados por los principios de la sabiduría, la justicia, la templanza y el coraje. Al cultivar estas virtudes, nos liberamos de los vicios que nos esclavizan y logramos vivir de acuerdo con nuestra naturaleza racional, sin dejarnos arrastrar por los deseos irracionales ni por los temores que nos limitan. La virtud nos ofrece el marco necesario para alcanzar una paz interior que trasciende las contingencias externas, y nos dota del poder para vivir de manera coherente con nuestros valores más elevados. Así, la práctica constante de la virtud se convierte en el camino hacia una libertad que no solo beneficia al individuo, sino que también contribuye al florecimiento de la comunidad en su conjunto, creando un entorno donde todos puedan prosperar y vivir en armonía con el logos que rige el universo.

CAPÍTULO 7: LIBERTAD Y SIMPLICIDAD: CÓMO UNA VIDA SIMPLE PUEDE CONDUCIR A UNA MAYOR LIBERTAD

En un mundo contemporáneo caracterizado por el consumismo, la acumulación y el exceso, la simplicidad emerge como un camino subestimado hacia la verdadera libertad. Para los estoicos, la libertad no se alcanza a través de la adquisición constante de bienes materiales ni del incesante deseo de tener más, sino a través de una vida que está en armonía con la naturaleza y que se centra en lo esencial. Vivir de manera simple nos libera de las ataduras del exceso y del deseo insaciable, permitiéndonos encontrar paz y libertad interior. En este capítulo, exploraremos cómo la simplicidad, tanto como principio filosófico como estilo de vida, puede liberarnos de las cadenas del materialismo y conducirnos hacia una existencia más auténtica y libre. Al adoptar una vida simple, no solo reducimos nuestra dependencia de factores externos, sino que también cultivamos una conexión más profunda con nuestra naturaleza racional y moral.

La Búsqueda de la Simplicidad en la Filosofía Estoica

Para los estoicos, la simplicidad no es un sacrificio, sino una elección consciente que nos permite alinear nuestra vida con nuestros valores más profundos. La simplicidad no se reduce a un minimalismo superficial en términos materiales, sino que implica también la simplificación de nuestras expectativas y deseos, eliminando lo innecesario para centrarnos en lo que verdaderamente importa. Esta orientación hacia lo esencial nos libera de la ansiedad y del estrés que surgen del deseo constante de acumular y del temor a perder lo que hemos adquirido. Los estoicos, al enfatizar la importancia de la autosuficiencia y del autocontrol, ven en la simplicidad un medio indispensable para cultivar la autonomía y la libertad del espíritu. Marco Aurelio, en sus *Meditaciones*, nos insta a recordar que la verdadera satisfacción proviene de vivir de acuerdo con la naturaleza, lo cual implica reconocer que la mayoría de nuestros deseos son superfluos. Cuando aprendemos a vivir con menos, nos liberamos de la preocupación constante por adquirir más, y al hacerlo, recuperamos la libertad de dirigir nuestra atención y energía hacia nuestro desarrollo moral y espiritual. La simplicidad nos permite concentrarnos en lo que realmente es valioso: la virtud, las relaciones significativas y la contribución al bien común. De este modo, la simplicidad se convierte en una vía para la autorrealización y para la consecución de una vida virtuosa y libre de distracciones innecesarias. Séneca, en sus cartas, también reflexiona sobre la importancia de la simplicidad, señalando que la búsqueda desenfrenada de riqueza y poder nos encadena a preocupaciones y miedos innecesarios. Para Séneca, la verdadera riqueza no se mide por la abundancia de posesiones materiales, sino por la capacidad de vivir contentos con lo que ya poseemos y de encontrar satisfacción en la práctica de la virtud. La simplicidad, entonces, es una forma de riqueza interior que nos libera de la esclavitud de los deseos insaciables y nos permite vivir en paz con nosotros mismos y con el mundo que nos rodea. La simplicidad, como valor estoico, nos recuerda que la verdadera abundancia se encuentra en el espíritu, no en la acumulación de bienes materiales.

El Materialismo y sus Ataduras

El materialismo, entendido como el apego excesivo a los bienes materiales y la búsqueda constante de satisfacción externa, es uno de los mayores impedimentos para la libertad. En la sociedad moderna, donde se valora la acumulación de bienes como un indicador de éxito, es fácil quedar atrapado en un ciclo interminable de deseos que nunca se satisfacen por completo. Este ciclo no solo nos mantiene en un estado constante de ansiedad, sino que también nos aleja de nuestra verdadera naturaleza racional, ya que nos lleva a centrar nuestra felicidad en aquello que está fuera de nuestro control. Los deseos materiales, siempre cambiantes y nunca verdaderamente satisfechos, nos condenan a un estado de dependencia perpetua. Los estoicos nos enseñan que la dependencia de lo externo es una forma de esclavitud. Cuando nuestra felicidad depende de la obtención de objetos materiales, nos volvemos vulnerables a la pérdida y al cambio, ya que nada externo es permanente o garantizado. Este apego nos priva de la libertad de actuar conforme a la razón y nos somete a los caprichos del destino. La simplicidad, en contraste, nos invita a liberar nuestras expectativas de aquello que no depende de nosotros y a centrar nuestro bienestar en lo que sí está bajo nuestro control: nuestros juicios, nuestras actitudes y nuestras acciones. Solo cuando dejamos de depender de lo externo podemos empezar a experimentar una libertad verdadera, una libertad que emana de la estabilidad interna y de la serenidad del espíritu. Al adoptar una vida más simple, reducimos nuestra dependencia de los bienes materiales y, por lo tanto, también reducimos el poder que estos tienen sobre nosotros. Esto no significa renunciar a todo confort o rechazar el placer legítimo, sino aprender a diferenciar entre lo que realmente necesitamos para vivir de manera plena y lo que simplemente satisface deseos fugaces y superficiales. Al eliminar lo superfluo, creamos espacio para lo esencial, lo cual nos permite vivir con mayor claridad y propósito, sin las distracciones constantes que nos impiden alcanzar la libertad interna. Al liberarnos del materialismo, abrimos la puerta a una vida más rica en significado y en alineación con nuestros valores fundamentales.

La Libertad que Surge de la Simplicidad

La libertad que surge de la simplicidad no es simplemente la ausencia de posesiones materiales, sino una liberación más profunda de las ataduras internas que nos mantienen prisioneros de nuestros deseos y miedos. Vivir de manera simple implica cultivar una mente serena y libre de preocupaciones innecesarias. Cuando nos liberamos del deseo de poseer más, también nos liberamos del miedo a perder lo que tenemos, lo cual nos permite vivir con una mayor sensación de paz y estabilidad emocional. Esta estabilidad no depende de factores externos, sino de la fortaleza interna que cultivamos al centrarnos en lo que verdaderamente importa. La simplicidad nos permite reorientar nuestro enfoque hacia el cultivo de la virtud y el desarrollo personal. Al reducir nuestra dependencia de los factores externos, ganamos la libertad de dedicarnos a lo que verdaderamente enriquece nuestra vida: nuestras relaciones, nuestro crecimiento moral y nuestra contribución al bienestar de los demás. Esta libertad es, en última instancia, una libertad interna, una capacidad de autodeterminación que nos permite vivir conforme a nuestra naturaleza racional y en armonía con el *logos*. Al vivir de acuerdo con nuestros valores, desarrollamos una independencia interior que nos permite actuar con integridad y autenticidad, sin estar condicionados por las expectativas y demandas de la sociedad. La simplicidad también fomenta una mayor conexión con el presente. Al reducir las distracciones y el ruido externo, somos capaces de estar más presentes en cada momento, lo cual nos permite actuar de manera más consciente y deliberada. Esta presencia es esencial para la práctica de la virtud, ya que nos permite responder a las circunstancias de manera racional en lugar de reaccionar impulsivamente. La simplicidad, entonces, no solo nos libera de las cargas externas, sino que también nos permite cultivar una mayor claridad mental y una mayor capacidad para vivir en el aquí y ahora, en plena consonancia con nuestros principios estoicos. La vida simple nos ofrece la oportunidad de vivir de una manera más plena, disfrutando de cada momento sin las cargas del deseo y la preocupación.

Simplicidad y Comunidad

La simplicidad no solo beneficia al individuo, sino también a la comunidad. Al vivir de manera simple, reducimos nuestra participación en el ciclo de consumo y explotación que caracteriza a la sociedad moderna. Los estoicos reconocen que somos seres interdependientes y que nuestras acciones tienen un impacto en el bienestar colectivo. Al optar por una vida simple, reducimos nuestro impacto en el medio ambiente y contribuimos a una distribución más justa de los recursos, lo cual favorece el bien común y promueve una sociedad más equitativa. La simplicidad nos permite vivir en consonancia con los principios de justicia y equidad, contribuyendo a un mundo más sostenible y justo para todos. Además, la simplicidad fomenta una actitud de generosidad y desprendimiento. Cuando no estamos apegados a nuestros bienes materiales, somos más propensos a compartir con los demás y a actuar en beneficio de la comunidad. La justicia, como virtud cardinal, nos impulsa a actuar con equidad y a contribuir al bienestar de quienes nos rodean. La simplicidad nos libera del egoísmo y nos permite vivir de acuerdo con la justicia, reconociendo que nuestra verdadera felicidad está ligada al bienestar de la comunidad en su conjunto. Al practicar la simplicidad, desarrollamos una mayor sensibilidad hacia las necesidades de los demás y una disposición a actuar en beneficio del colectivo, fortaleciendo así los lazos que nos unen como seres humanos. La simplicidad también nos permite valorar las relaciones humanas por encima de las posesiones materiales. En lugar de medir nuestro éxito por lo que tenemos, aprendemos a valorar el amor, la amistad y la conexión con los demás como fuentes auténticas de satisfacción y plenitud. Esta revalorización de lo que realmente importa nos permite cultivar relaciones más profundas y significativas, basadas en el respeto, la empatía y la reciprocidad, en lugar de en el interés material. Al poner el énfasis en las relaciones y en el bien común, la simplicidad se convierte en un medio para fortalecer los lazos comunitarios y promover una sociedad más compasiva y solidaria. De este modo, la vida simple no solo nos enriquece a nivel personal, sino que también contribuye al bienestar y a la cohesión social.

La Simplicidad como Vía hacia la Libertad Auténtica

La simplicidad, como principio estoico, es un camino hacia la libertad auténtica. Al liberarnos de la carga del materialismo y de los deseos insaciables, recuperamos la capacidad de vivir conforme a nuestra naturaleza racional y moral. La simplicidad nos permite concentrarnos en lo esencial, en aquello que verdaderamente enriquece nuestra vida y nos acerca a la virtud. Esta libertad no es solo la ausencia de posesiones superfluas, sino una liberación interna que nos permite actuar con autonomía y en armonía con el *logos*. La simplicidad nos invita a una vida de claridad, propósito y conexión con lo que realmente tiene valor. Al optar por una vida simple, no solo nos beneficiamos a nosotros mismos, sino que también contribuimos al bienestar de la comunidad y del mundo en general. La simplicidad nos permite vivir en equilibrio con nuestro entorno y actuar de manera justa y generosa, promoviendo una sociedad más equitativa y compasiva. En última instancia, la simplicidad nos ofrece la oportunidad de vivir una vida plena y significativa, libre de las ataduras del deseo y el miedo, y en consonancia con nuestros valores más elevados. Esta es la verdadera libertad: una libertad que no depende de lo externo, sino que emana de la serenidad y la virtud que cultivamos en nuestro interior. Es una invitación a vivir con propósito, a encontrar riqueza en la esencia misma de la existencia, y a contribuir activamente al bienestar de todos aquellos con quienes compartimos este mundo.

Capítulo 8: Libertad y la Naturaleza: Encontrando la Libertad en la Armonía con el Orden Natural

Para los estoicos, la naturaleza no es solo el mundo físico que nos rodea, sino también un principio rector que impregna todo el cosmos: el *logos*. Vivir en armonía con la naturaleza significa alinearse con este orden universal, lo cual implica reconocer nuestra posición dentro de un sistema vasto e interconectado. Al encontrar la libertad a través de esta armonía, nos liberamos de los deseos desordenados y de las pasiones que nos alejan de nuestra verdadera naturaleza. En este capítulo, exploraremos cómo la búsqueda de una conexión profunda con el orden natural puede llevarnos a una libertad más auténtica y plena, y cómo la práctica de los principios estoicos nos permite alcanzar una vida que refleja la serenidad y la sabiduría inherentes al cosmos.

La Naturaleza y el Logos: La Base de la Libertad Estoica

La filosofía estoica enseña que el universo está regido por un principio racional llamado *logos*, una inteligencia subyacente que da orden y propósito a toda la creación. Al reconocer y aceptar este principio, nos alineamos con el orden natural, y es en esta alineación donde se encuentra la verdadera libertad. Para los estoicos, la libertad no se define como la ausencia de restricciones, sino como la capacidad de vivir de acuerdo con nuestra naturaleza racional y, por ende, con el *logos*. Esta visión del mundo nos invita a aceptar que todo lo que ocurre es parte de un plan más amplio, un plan que, aunque a veces incomprensible para nuestra mente limitada, está destinado a mantener el equilibrio y la armonía del cosmos. Vivir en armonía con la naturaleza implica reconocer que somos parte de un todo más grande, y que nuestra felicidad depende de nuestra disposición a aceptar nuestro papel dentro de este orden. Marco Aurelio, en sus *Meditaciones*, nos recuerda que cada ser tiene un propósito y que, al cumplir con nuestro papel en la vida, nos acercamos a la verdadera libertad. Esta aceptación del orden natural nos permite liberarnos de la resistencia y de la frustración que surgen al intentar imponer nuestra voluntad sobre un universo que no está bajo nuestro control. En lugar de luchar contra las circunstancias, los estoicos nos enseñan a aceptarlas como necesarias y a responder a ellas con virtud y serenidad.

La armonía con la naturaleza también implica vivir de manera coherente con nuestra propia esencia racional. Los seres humanos, al ser dotados de razón, tienen la capacidad única de comprender el orden del cosmos y de actuar de acuerdo con él. La libertad, en este contexto, es la capacidad de utilizar nuestra razón para guiar nuestras acciones, de modo que estas estén en consonancia con el *logos*. Cuando nuestras acciones se alinean con el orden natural, experimentamos una forma de libertad interna que no puede ser perturbada por los eventos externos, ya que nuestro bienestar ya no depende de circunstancias incontrolables, sino de nuestra capacidad de vivir en virtud. Esta visión de la libertad no solo es individual, sino también cósmica, en el sentido de que nuestras acciones reflejan y respetan el equilibrio y la armonía del universo.

Aceptación del Orden Natural: Liberación de la Ansiedad y el Sufrimiento

Uno de los principales obstáculos para la libertad es la resistencia a lo inevitable. Al vivir en desacuerdo con la naturaleza, al intentar cambiar lo que está fuera de nuestro control, generamos ansiedad y sufrimiento. Los estoicos nos enseñan que la verdadera libertad solo se puede alcanzar cuando aceptamos el orden natural tal como es, sin intentar moldearlo según nuestros deseos o expectativas. La aceptación estoica, que no debe confundirse con la resignación pasiva, es una afirmación activa de la realidad, un reconocimiento de que cada acontecimiento tiene un lugar y una razón dentro del gran esquema del cosmos. Cuando aprendemos a aceptar el orden natural, nos liberamos del sufrimiento que proviene de nuestras expectativas irrealistas. Las expectativas, al estar basadas en el deseo de controlar lo incontrolable, nos llevan a experimentar frustración y desilusión cuando la realidad no se ajusta a nuestros deseos. La práctica estoica nos invita a reorientar nuestras expectativas, de modo que estén en consonancia con lo que realmente está bajo nuestro control: nuestros juicios, nuestras elecciones y nuestras acciones. Al hacer esto, reducimos drásticamente la ansiedad que suele acompañar el deseo de cambiar el mundo externo, y encontramos una libertad más profunda y serena en la aceptación del orden cósmico. Epicteto, en su *Enquiridión*, destaca la importancia de diferenciar entre lo que está en nuestro poder y lo que no lo está. Esta distinción nos permite enfocar nuestros esfuerzos únicamente en lo que podemos cambiar, liberándonos de la preocupación por aquello que está más allá de nuestra influencia. La aceptación del orden natural no implica un abandono de la acción, sino una acción dirigida y consciente, alineada con lo que podemos controlar. De este modo, la libertad surge no de la evasión de los desafíos, sino de la disposición a enfrentarlos con sabiduría, reconociendo el papel que desempeñamos en el vasto entramado del cosmos. Esta comprensión de la libertad como aceptación activa nos permite vivir con mayor resiliencia y serenidad, sin la carga constante de la frustración y la resistencia.

Viviendo en Armonía con la Naturaleza Física

Además de la armonía con el *logos*, la filosofía estoica nos invita a vivir en consonancia con la naturaleza física. Esto implica un respeto profundo por el medio ambiente y una comprensión de nuestra interdependencia con el mundo natural. Los estoicos reconocen que somos parte de un ecosistema mayor y que nuestra supervivencia y bienestar dependen de la salud y el equilibrio de este entorno. Vivir en armonía con la naturaleza significa adoptar un estilo de vida que minimice el daño al medio ambiente y que promueva la sostenibilidad y el respeto por todas las formas de vida. La simplicidad, que discutimos en el capítulo anterior, es un componente clave de esta armonía con la naturaleza. Al reducir nuestro consumo y evitar el desperdicio, vivimos de manera más sostenible y reducimos nuestra huella ecológica. La filosofía estoica nos recuerda que los recursos naturales no son infinitos y que debemos utilizarlos con moderación y gratitud. La autosuficiencia y la templanza, virtudes estoicas, nos permiten vivir con menos y encontrar satisfacción en lo que tenemos, sin necesidad de explotar el entorno para satisfacer deseos innecesarios. Esta actitud no solo nos libera de la dependencia de lo material, sino que también contribuye al bienestar del planeta y de las generaciones futuras. Vivir en armonía con la naturaleza física también implica reconocer la belleza y el valor intrínseco del mundo natural. Los estoicos encuentran inspiración en la contemplación de la naturaleza, viendo en ella un reflejo del *logos* y un recordatorio de nuestro lugar dentro del orden cósmico. Al contemplar la vastedad del universo, desarrollamos una perspectiva más amplia de nuestra existencia y una mayor humildad ante las fuerzas que nos trascienden. Esta conexión con la naturaleza nos ayuda a cultivar una mente tranquila y a encontrar consuelo en la inmensidad del cosmos, liberándonos de la preocupación excesiva por los problemas mundanos y efímeros. La contemplación de la naturaleza, por tanto, no solo es un medio de inspiración, sino también una herramienta para desarrollar la fortaleza interna y la paz mental que nos permiten vivir con mayor libertad y plenitud.

Naturaleza Humana y Libertad

La naturaleza humana, según los estoicos, está definida por la razón y la sociabilidad. Para vivir en libertad, debemos actuar de acuerdo con estos dos aspectos fundamentales de nuestra naturaleza. La razón nos permite discernir entre lo correcto y lo incorrecto, y dirigir nuestras acciones hacia el bien. La sociabilidad, por otro lado, nos impulsa a actuar en beneficio de los demás y a contribuir al bienestar de la comunidad. La verdadera libertad, entonces, no es una independencia egoísta, sino una vida en la que utilizamos nuestra razón para actuar de manera virtuosa y para fortalecer los lazos con los demás. La libertad que surge de vivir conforme a nuestra naturaleza humana es una libertad que está enraizada en la virtud. Cuando actuamos de acuerdo con la razón, nos liberamos de las pasiones irracionales que nos esclavizan y nos impiden actuar conforme a nuestro mejor juicio. Las pasiones, en la filosofía estoica, son perturbaciones del alma que surgen de juicios erróneos sobre lo que es valioso. Al cultivar la virtud y al actuar de acuerdo con la razón, nos liberamos de estas perturbaciones y alcanzamos un estado de tranquilidad y autodeterminación. La libertad, en este sentido, es la capacidad de actuar de acuerdo con nuestro verdadero yo, sin ser arrastrados por deseos irracionales o temores infundados. Esta libertad interna es la que nos permite enfrentar la vida con serenidad, independientemente de las circunstancias externas.

Asimismo, la sociabilidad nos recuerda que nuestra libertad está vinculada al bienestar de la comunidad. Los estoicos sostienen que los seres humanos son, por naturaleza, criaturas sociales, y que nuestra realización personal solo puede alcanzarse en el contexto de nuestras relaciones con los demás. Al actuar de manera justa y al contribuir al bien común, no solo vivimos en armonía con nuestra naturaleza, sino que también fortalecemos la libertad de todos los miembros de la comunidad. La justicia, como virtud cardinal, nos impulsa a actuar con equidad y a reconocer que nuestra libertad está intrínsecamente conectada con la libertad de los demás. Al contribuir al bienestar colectivo, no solo promovemos un entorno más justo y equitativo, sino que también fortalecemos nuestra propia libertad, al vivir en una comunidad donde prevalecen el respeto y la cooperación.

Vivir conforme a nuestra naturaleza racional y social también nos permite experimentar un sentido de propósito más profundo. Los estoicos enseñan que cada individuo tiene un papel que desempeñar en el gran esquema del cosmos, y que nuestra tarea es cumplir con ese papel de la mejor manera posible. Esta comprensión nos libera del vacío existencial que a menudo surge cuando nuestras vidas carecen de dirección. Al encontrar significado en el servicio a los demás y en la práctica de la virtud, experimentamos una libertad que va más allá de la mera independencia; es una libertad que está enraizada en el propósito y en la conexión con el todo mayor del cual somos parte.

La Libertad en la Armonía con el Orden Natural

La libertad, desde la perspectiva estoica, se encuentra en la armonía con el orden natural, tanto en el sentido cósmico como en el sentido de nuestra propia naturaleza humana. Al vivir de acuerdo con el *logos*, aceptamos el orden del universo y nos liberamos del sufrimiento que proviene de resistir lo inevitable. Esta aceptación nos permite actuar con sabiduría y virtud, enfocando nuestros esfuerzos en lo que realmente está bajo nuestro control y liberándonos de las preocupaciones innecesarias por lo externo. La verdadera libertad se encuentra en la capacidad de responder a la vida con ecuanimidad, reconociendo que cada evento tiene su lugar en el orden cósmico y que nuestra tarea es actuar conforme a la virtud.

La armonía con la naturaleza física también nos invita a vivir de manera sostenible y respetuosa, reconociendo nuestra interdependencia con el entorno y nuestro papel en la preservación del equilibrio ecológico. Al vivir de manera simple y al valorar la belleza del mundo natural, encontramos una conexión más profunda con el cosmos y una libertad que emana de la alineación con el orden universal. Esta conexión con la naturaleza nos permite experimentar una paz interior que no puede ser perturbada por los altibajos de la vida cotidiana, ya que nuestra felicidad ya no depende de lo efímero, sino de nuestra capacidad de vivir en armonía con el logos.

Finalmente, al vivir conforme a nuestra naturaleza racional y social, alcanzamos una libertad que está enraizada en la virtud y en la contribución al bien común. La verdadera libertad no es la ausencia de restricciones externas, sino la capacidad de actuar de acuerdo con nuestra esencia racional, en armonía con el *logos* y en beneficio de la comunidad. Esta es la libertad que los estoicos nos invitan a buscar: una libertad que no depende de las circunstancias externas, sino de nuestra capacidad para vivir en consonancia con el orden natural y con nuestros valores más elevados. Al hacerlo, encontramos no solo la paz interior, sino también un sentido de propósito y conexión con el cosmos que nos permite vivir de manera plena y significativa. La libertad estoica es, en última instancia, una libertad que se manifiesta en la aceptación, en la virtud y en la participación activa en el orden del universo, una libertad que nos invita a ser parte consciente y virtuosa de la totalidad cósmica.

CAPÍTULO 9: LIBERTAD Y COMUNIDAD: EL PAPEL DE LA COMUNIDAD EN APOYAR Y FOMENTAR LA LIBERTAD INDIVIDUAL

En la visión estoica, la libertad individual no puede ser concebida de manera aislada, sino que está intrínsecamente ligada al concepto de comunidad. Los seres humanos somos, por naturaleza, criaturas sociales, y es a través de nuestra interacción con los demás que podemos alcanzar nuestra verdadera realización y libertad. En este capítulo, exploraremos cómo la comunidad desempeña un papel crucial en apoyar y fomentar la libertad individual, proporcionando un entorno donde los individuos puedan crecer, aprender y practicar la virtud. La libertad, desde esta perspectiva, no se trata solo de la ausencia de restricciones externas, sino también de la capacidad de actuar de acuerdo con la virtud y en beneficio de los demás, y es la comunidad la que crea las condiciones necesarias para que esto sea posible. La interconexión entre el individuo y la colectividad es un eje esencial para comprender cómo la libertad se expresa de manera plena, implicando no solo el bienestar personal, sino también el de la comunidad que lo rodea. En este sentido, la comunidad no es simplemente un grupo de individuos viviendo juntos, sino un ente colectivo que fomenta el crecimiento personal, la moralidad y el apoyo mutuo que hacen posible una vida verdaderamente libre.

La Naturaleza Social del Ser Humano: Una Comunidad para la Libertad

Los estoicos sostienen que los seres humanos son, por naturaleza, criaturas sociales dotadas de razón, y que nuestra naturaleza social es un componente fundamental de nuestra libertad. No podemos alcanzar la verdadera libertad en el aislamiento, ya que nuestra realización personal depende de nuestra capacidad para vivir y contribuir en comunidad. Epicteto y Marco Aurelio subrayan en sus escritos la importancia de la comunidad como un espacio donde podemos cultivar las virtudes que nos llevan a la libertad. Es en la interacción con los demás donde tenemos la oportunidad de practicar la justicia, la generosidad y la empatía, virtudes que son esenciales para una vida plena y libre. Al comprender nuestra conexión natural con el resto de la humanidad, podemos apreciar que la libertad individual se nutre y florece dentro de un entorno de apoyo y reciprocidad.

La comunidad, entonces, se convierte en el terreno fértil donde florece la libertad individual. Al vivir en sociedad, tenemos la oportunidad de poner a prueba y desarrollar nuestras capacidades racionales y morales. Las relaciones humanas nos desafían a ser mejores, a actuar no solo en nuestro propio beneficio, sino también en el beneficio de los demás. Esta interacción nos permite comprender que nuestra libertad está íntimamente ligada a la libertad de los otros, y que solo en una comunidad donde se valoran y se practican la justicia y la equidad podemos alcanzar una libertad verdadera. La comunidad, al fomentar la cooperación y la solidaridad, nos proporciona un entorno donde podemos ser verdaderamente libres, ya que nos permite actuar en consonancia con nuestra naturaleza racional y social. Esta perspectiva nos lleva a entender que la comunidad es la base sobre la cual se edifica la realización personal, pues a través de ella logramos alcanzar un sentido de pertenencia y responsabilidad que es vital para nuestra libertad. La comunidad nos invita a vernos como partes de un todo mayor, y al hacerlo, nos lleva a una comprensión más profunda de nuestro lugar en el mundo y del papel que jugamos en la consecución del bienestar colectivo.

La libertad individual, lejos de ser una cualidad aislada, se alimenta del contexto social. Al relacionarnos con los demás, descubrimos nuestras propias limitaciones y también nuestro potencial para el crecimiento moral. La comunidad actúa como un espacio de enriquecimiento mutuo, donde cada miembro puede aportar al desarrollo colectivo al mismo tiempo que se nutre del ejemplo y del apoyo de los otros. Los estoicos entienden que, para ser verdaderamente libres, necesitamos una comunidad que nos impulse a actuar de acuerdo con los más altos estándares de virtud, proporcionando así una estructura en la cual podemos florecer. La existencia humana no puede entenderse en solitario; el ser humano encuentra su libertad en la medida en que está dispuesto a participar de la vida colectiva, a contribuir y recibir el valor que cada persona aporta. En este proceso, la comunidad no solo fomenta la libertad de cada individuo, sino que también construye un espacio donde todos pueden aspirar a una vida mejor y más virtuosa. La comunidad también actúa como un catalizador para el desarrollo de la empatía y la compasión. Al involucrarnos en la vida de los demás y participar en la vida colectiva, aprendemos a ver más allá de nuestras propias preocupaciones y a considerar las necesidades y el bienestar de quienes nos rodean. Esto no solo enriquece nuestra perspectiva, sino que también nos ayuda a superar las barreras del egoísmo y nos impulsa a actuar de manera que promueva el bien común. La libertad, en este contexto, se convierte en una cuestión de interdependencia: cuanto más nos conectamos y apoyamos a los demás, más libres nos volvemos, ya que logramos liberarnos de las limitaciones impuestas por un enfoque excesivamente individualista de la vida.

La Interdependencia entre la Libertad Individual y el Bien Común

Para los estoicos, la libertad individual no es una cuestión de independencia absoluta, sino más bien una cuestión de interdependencia. Nuestra capacidad de actuar libremente depende del entorno social y de las estructuras que nos rodean. Cuando vivimos en una comunidad que fomenta la justicia, la equidad y el respeto por los demás, somos más capaces de actuar de acuerdo con nuestros principios y de perseguir nuestro desarrollo moral sin obstáculos innecesarios. Esta interdependencia significa que nuestras acciones también afectan la libertad de los demás, y que nuestra responsabilidad como miembros de una comunidad es contribuir al bienestar colectivo para que todos puedan ser verdaderamente libres. De este modo, la verdadera libertad solo puede florecer en un entorno donde el bien común es un valor compartido y promovido. Al entender que nuestras acciones tienen un impacto significativo en los demás, reconocemos nuestra responsabilidad en la construcción de una sociedad justa que favorezca la libertad individual y colectiva. La justicia, una de las virtudes cardinales del estoicismo, es esencial para entender la relación entre la libertad individual y la comunidad. Actuar con justicia significa reconocer y respetar los derechos y las necesidades de los demás, y trabajar para promover el bien común. Esta práctica de la justicia no solo favorece el bienestar de la comunidad, sino que también enriquece nuestra propia libertad. Al contribuir al bienestar de los demás, estamos creando un entorno en el que todos los individuos pueden desarrollarse y alcanzar su máximo potencial.

La justicia, entonces, no solo es una virtud moral, sino también una condición para la libertad. La comunidad justa es aquella que permite a cada uno de sus miembros ser verdaderamente libre, al garantizar un marco donde todos puedan actuar conforme a la virtud y desarrollar sus capacidades racionales. La equidad y el respeto mutuo se convierten en los cimientos sobre los cuales se erige una comunidad capaz de ofrecer un espacio donde la libertad individual sea una realidad para todos. Esta comunidad justa no solo facilita el desarrollo de las capacidades personales, sino que también asegura que cada individuo pueda vivir de manera coherente con sus principios, sin el temor de ser oprimido o limitado por estructuras injustas.

En una comunidad interdependiente, las acciones individuales tienen repercusiones que van más allá del ámbito personal. Cada decisión y cada acto influyen en el bienestar colectivo, y, por lo tanto, en la libertad de los demás. Los estoicos nos enseñan que, al actuar con conciencia del impacto de nuestras acciones, estamos contribuyendo a la creación de un entorno donde la libertad puede florecer para todos. La interdependencia nos recuerda que nuestra libertad está vinculada a la capacidad de los demás de ser también libres, y que nuestra responsabilidad hacia el colectivo es fundamental para el desarrollo de una sociedad justa y equitativa. La libertad individual no puede entenderse sin una dimensión de responsabilidad social, y la comunidad es el escenario donde se pone a prueba nuestra capacidad de vivir conforme a este principio. Solo en una comunidad que promueve valores de justicia y respeto podemos aspirar a alcanzar la verdadera libertad, tanto a nivel personal como colectivo.

La Comunidad como Apoyo para la Práctica de la Virtud

La libertad estoica se entiende como la capacidad de vivir conforme a la virtud, y es en la comunidad donde encontramos el apoyo necesario para cultivar y practicar las virtudes. La interacción con otras personas nos proporciona oportunidades constantes para practicar la paciencia, la templanza, la justicia y el coraje. Estas virtudes no pueden desarrollarse en el aislamiento; necesitan el contexto de relaciones humanas donde puedan ser puestas a prueba y refinadas. La comunidad actúa como un espejo que nos refleja nuestras propias fallas y éxitos, brindándonos la posibilidad de aprender y mejorar. Es a través de la convivencia y del intercambio con los demás que podemos crecer, pues la vida comunitaria nos confronta con nuestras debilidades y nos impulsa a desarrollar nuestras fortalezas.

La comunidad, al ofrecer un entorno donde se valoran la honestidad y la crítica constructiva, nos ayuda a enfrentar nuestras propias deficiencias y a trabajar activamente para superarlas. El apoyo mutuo que se encuentra en una comunidad es también un elemento fundamental para la práctica de la virtud. En el pensamiento estoico, la ayuda recíproca es un deber moral y una fuente de fortaleza. Cuando nos enfrentamos a desafíos y adversidades, es la comunidad la que nos brinda el apoyo necesario para superarlos y seguir actuando con virtud. Este apoyo no solo nos fortalece a nivel individual, sino que también refuerza los lazos que nos unen como seres humanos. Al recibir y brindar apoyo, experimentamos una forma de libertad que no está centrada en el individualismo, sino en la conexión y la solidaridad. Esta libertad compartida nos permite enfrentar juntos las dificultades de la vida, fortaleciendo nuestra capacidad para actuar de acuerdo con nuestros valores más elevados. La solidaridad y el apoyo mutuo no solo nos proporcionan un sustento emocional, sino que también nos recuerdan constantemente que no estamos solos en nuestra lucha por vivir de acuerdo con la virtud. La comunidad también nos brinda la oportunidad de observar el ejemplo de aquellos que encarnan las virtudes estoicas. Ver cómo otros enfrentan la adversidad con coraje, o cómo practican la justicia y la templanza, nos inspira a hacer lo mismo. El ejemplo de otros miembros de la comunidad se convierte en una guía que nos muestra cómo podemos vivir conforme a la virtud. Además, la crítica constructiva y la retroalimentación que recibimos de nuestros semejantes son fundamentales para nuestro crecimiento moral. A través del diálogo y del intercambio de perspectivas, podemos identificar nuestras áreas de mejora y trabajar en ellas, avanzando así en nuestro camino hacia la libertad interna y la excelencia moral. La comunidad se convierte en un espacio de aprendizaje continuo, donde cada interacción es una oportunidad para fortalecer nuestras capacidades y para avanzar en el camino de la virtud. La práctica de la virtud en comunidad también implica reconocer que nuestra libertad está vinculada al bienestar de quienes nos rodean. Cuando ayudamos a otros a superar sus dificultades y a alcanzar sus objetivos, estamos contribuyendo no solo a su libertad, sino también a la nuestra, ya que fortalecemos los lazos que nos unen y creamos un entorno donde todos podemos florecer. La virtud de la generosidad y el espíritu de servicio se convierten en elementos fundamentales para la construcción de una comunidad libre, donde cada individuo se siente valorado y apoyado en su búsqueda de la excelencia moral.

La Importancia de las Relaciones Sociales para la Libertad Interna

Las relaciones sociales desempeñan un papel crucial en el desarrollo de la libertad interna, una libertad que, para los estoicos, es más importante que la libertad externa. La libertad interna es la capacidad de actuar de acuerdo con la razón y la virtud, sin ser esclavos de las pasiones o de los deseos irracionales.

Las relaciones humanas, al desafiarnos y al inspirarnos a ser mejores, son una herramienta esencial para desarrollar esta libertad interna. A través del diálogo, el ejemplo y el apoyo mutuo, las personas en una comunidad se ayudan entre sí a crecer moralmente y a fortalecer su capacidad de vivir de acuerdo con los principios estoicos, cultivando la paciencia, la humildad y la resiliencia necesarias para enfrentar las dificultades de la vida. En este proceso, las relaciones sociales también actúan como un medio para la autorreflexión, ya que el intercambio con los demás nos proporciona perspectivas valiosas sobre nuestras propias acciones y actitudes, fomentando así un crecimiento continuo hacia la virtud.

CAPÍTULO 10: LIBERTAD EN LA ADVERSIDAD: CÓMO MANTENER LA LIBERTAD INTERIOR INCLUSO EN TIEMPOS DIFÍCILES

La verdadera prueba de la libertad, según la filosofía estoica, no se encuentra en los momentos de calma y estabilidad, sino en los tiempos de adversidad y dificultad. Es en estas circunstancias donde se revela nuestra capacidad para mantener la libertad interior, esa libertad que no depende de los factores externos, sino de nuestra disposición a vivir conforme a la virtud sin importar las circunstancias. Los estoicos entendían que la adversidad es una parte inevitable de la existencia humana y, en lugar de temerla o evitarla, nos enseñaban a abrazarla como una oportunidad para crecer y fortalecer nuestra libertad interna. En este capítulo, exploraremos cómo la filosofía estoica nos guía en la tarea de mantener la libertad interior, incluso en los momentos más difíciles, y cómo podemos desarrollar una resiliencia que nos permita enfrentar cualquier situación con coraje, sabiduría y serenidad. La adversidad, lejos de ser un impedimento, se convierte en el terreno donde podemos demostrar nuestro compromiso con la virtud y nuestra capacidad para actuar en consonancia con nuestro verdadero yo. Es precisamente en estas situaciones que podemos poner en práctica los principios estoicos y mostrar nuestra capacidad de perseverar, manteniendo la serenidad y el control sobre nuestras propias emociones, pensamientos y acciones.

La Adversidad como Prueba de la Libertad Estoica

Para los estoicos, la adversidad es una de las pruebas más auténticas de nuestra libertad interna. Enfrentar desafíos, dificultades y pérdidas es una parte ineludible de la vida humana, y es en estos momentos donde podemos mostrar la fortaleza de nuestro carácter. La adversidad nos desafía a mantener nuestra tranquilidad y nuestro compromiso con la virtud, sin dejarnos arrastrar por las emociones destructivas ni por el deseo de escapar del sufrimiento a cualquier costo. Epicteto, en su *Enquiridión*, nos recuerda que no son los eventos externos los que nos hacen sufrir, sino los juicios que emitimos sobre ellos. Al aprender a cuestionar y a reformular estos juicios, podemos transformar la adversidad en una oportunidad para reforzar nuestra libertad interior. La adversidad, desde la perspectiva estoica, no es solo un desafío que debe ser soportado, sino una herramienta valiosa que nos permite probar nuestra autodeterminación y nuestra capacidad para mantenernos firmes en nuestros principios. En tiempos difíciles, nuestra libertad se manifiesta en la capacidad de escoger nuestras respuestas en lugar de reaccionar automáticamente ante las circunstancias. Esto requiere un alto grado de autocontrol y una profunda comprensión de lo que realmente está bajo nuestro control.

Los estoicos nos enseñan a diferenciar entre lo que podemos y no podemos cambiar, y a enfocar nuestras energías exclusivamente en aquello que está dentro de nuestra esfera de influencia. Esta actitud no solo nos libera de la frustración y del sufrimiento innecesario, sino que también nos permite actuar de manera racional y virtuosa, incluso cuando las circunstancias externas parecen conspirar contra nosotros. La libertad, desde esta perspectiva, no es la ausencia de dificultades, sino la capacidad de permanecer imperturbable y de actuar conforme a la razón y la virtud en medio de la adversidad. Es la capacidad de mantener nuestra serenidad interior incluso cuando todo parece estar en nuestra contra, demostrando así nuestra independencia de los factores externos.

La adversidad también nos brinda la oportunidad de crecer en humildad. Al enfrentarnos a situaciones que escapan a nuestro control, aprendemos a aceptar nuestras limitaciones y a reconocer que no siempre podemos cambiar el curso de los eventos. Esta humildad es crucial para nuestra libertad, ya que nos permite liberarnos del peso del ego y de la falsa creencia de que siempre debemos ser capaces de controlar todo lo que nos sucede. Aceptar nuestras limitaciones no es un signo de debilidad, sino una manifestación de sabiduría, ya que nos permite dirigir nuestras energías hacia lo que realmente importa: nuestras respuestas y nuestras acciones. De esta manera, la adversidad nos enseña a enfocarnos en el desarrollo de nuestro carácter y en la mejora continua, manteniendo siempre la libertad interna como nuestra brújula.

El Poder de la Perspectiva: Reinterpretar la Adversidad

Una de las herramientas más poderosas para mantener la libertad interior en tiempos difíciles es la capacidad de reinterpretar la adversidad. Los estoicos nos invitan a ver cada obstáculo y cada desafío como una oportunidad para practicar la virtud y para crecer como personas. Marco Aurelio, en sus *Meditaciones*, nos exhorta a considerar cada dificultad como una oportunidad de entrenamiento, un campo donde podemos practicar el coraje, la paciencia, la templanza y la sabiduría. Esta actitud nos permite transformar situaciones aparentemente negativas en oportunidades para fortalecer nuestra libertad interna, al convertirnos en agentes activos en nuestra propia vida en lugar de víctimas pasivas de las circunstancias. Cada desafío, entonces, se convierte en una ocasión para demostrar nuestra capacidad de responder de manera alineada con nuestros valores y principios más elevados.

Reinterpretar la adversidad no significa negar la realidad del dolor o de la dificultad, sino más bien encontrar un propósito más profundo en cada experiencia. Al cambiar nuestra perspectiva, podemos encontrar valor y significado en situaciones que de otro modo parecerían únicamente fuente de sufrimiento. La práctica de la gratitud también juega un papel importante en este proceso, ya que nos ayuda a reconocer que incluso en medio de la adversidad, siempre hay aspectos de nuestra vida por los cuales estar agradecidos. Esta gratitud no solo nos brinda consuelo, sino que también refuerza nuestra libertad interna al alejarnos del enfoque exclusivo en lo negativo y al permitirnos ver el cuadro completo de nuestras vidas con mayor claridad y equilibrio. La gratitud nos recuerda que, aunque estemos enfrentando dificultades, no estamos desprovistos de todo lo bueno, y este reconocimiento nos ayuda a mantener una perspectiva equilibrada y a fortalecer nuestro carácter.

Reinterpretar la adversidad también implica el desarrollo de la capacidad de desapego. Los estoicos nos enseñan que muchas de las cosas que valoramos—como la riqueza, el estatus y las posesiones materiales—son efímeras e incontrolables. Al aprender a desapegarnos de estos elementos externos, podemos enfrentar la adversidad con una mayor sensación de libertad, ya que nuestra felicidad y nuestro bienestar no dependen de cosas que están fuera de nuestro control. En lugar de ver la pérdida como una tragedia, los estoicos nos invitan a verla como una oportunidad para practicar el desapego y para recordar que nuestra verdadera esencia no reside en lo que poseemos, sino en cómo elegimos actuar y responder ante las circunstancias de la vida.

Resiliencia Estoica: Cultivando la Fortaleza Interior

La resiliencia es un componente esencial de la libertad interior, especialmente en tiempos de adversidad. Para los estoicos, la resiliencia no es simplemente la capacidad de soportar el sufrimiento, sino la capacidad de crecer a partir de él y de utilizar cada dificultad como una oportunidad para reforzar nuestra virtud. El coraje es una de las virtudes cardinales que nos permiten enfrentar la adversidad con dignidad y determinación. El coraje no implica la ausencia de miedo, sino la capacidad de actuar correctamente a pesar de él. Al cultivar el coraje, nos volvemos más capaces de enfrentar las dificultades sin rendirnos ni comprometer nuestra integridad, y esta capacidad de acción es una expresión fundamental de la libertad interna. La resiliencia, entonces, se convierte en un proceso activo de fortalecimiento y superación, donde cada obstáculo superado nos hace más fuertes y nos acerca más a la libertad verdadera. La resiliencia también implica la capacidad de adaptarse a los cambios inevitables de la vida. La filosofía estoica nos enseña que el cambio es una constante en el universo, y que resistirse a él solo conduce al sufrimiento. En lugar de luchar contra lo inevitable, los estoicos nos animan a aceptar el cambio como una parte natural de la existencia y a encontrar en cada transición una oportunidad para practicar la virtud. Esta actitud de aceptación no es resignación pasiva, sino una forma activa de adaptarnos y de encontrar nuevas formas de vivir en consonancia con nuestros valores, sin importar las circunstancias externas. La resiliencia, entonces, se convierte en una manifestación de la libertad interior, al permitirnos mantener nuestro propósito y nuestra dirección en la vida, incluso cuando todo lo demás cambia. La capacidad de adaptación es, en sí misma, un signo de sabiduría y fortaleza, ya que nos permite seguir adelante con confianza, sin importar los giros inesperados que pueda tomar nuestra vida.

La resiliencia estoica también está profundamente ligada al autocontrol. En tiempos de adversidad, es fácil sucumbir a las emociones negativas, como el miedo, la ira o la desesperación. Sin embargo, los estoicos nos enseñan que la verdadera libertad radica en la capacidad de controlar nuestras respuestas emocionales y de actuar de acuerdo con la razón, en lugar de ser dominados por nuestras pasiones. Al cultivar el autocontrol, desarrollamos la resiliencia necesaria para enfrentar las dificultades sin perder nuestra paz interior. Esta resiliencia no es una mera capacidad de soportar, sino una fuerza activa que nos impulsa a seguir creciendo y mejorando, incluso en los momentos más oscuros. Así, la resiliencia se convierte en una expresión tangible de nuestra libertad interna, ya que nos permite mantenernos fieles a nuestros valores y a nuestra virtud, sin importar las circunstancias.

La Libertad Interior Frente a la Pérdida

La pérdida, ya sea de un ser querido, de una posición social, o de cualquier otro aspecto valioso de la vida, representa una de las mayores pruebas para nuestra libertad interior. En estos momentos, los estoicos nos invitan a recordar la impermanencia de todas las cosas y a aceptar que nada en la vida es verdaderamente nuestro, salvo nuestras propias elecciones y acciones. Todo lo demás—riqueza, salud, relaciones—es prestado por la naturaleza y puede sernos retirado en cualquier momento.

Esta perspectiva nos ayuda a desapegarnos de lo que no está bajo nuestro control y a centrar nuestra felicidad en aquello que sí lo está: nuestra capacidad de actuar con virtud. La práctica del desapego nos permite enfrentar la pérdida sin ser consumidos por el dolor, manteniendo nuestra libertad interior y nuestra paz. El desapego no significa indiferencia, sino una forma de amar y valorar lo que tenemos sin caer en la trampa de depender de ello para nuestra felicidad.

Cuando perdemos algo o a alguien, la práctica estoica nos insta a honrar esa pérdida actuando con gratitud por lo que tuvimos y con dignidad en la forma en que enfrentamos la ausencia. Esta actitud nos permite mantener la libertad interior, incluso en los momentos de mayor dolor, ya que nos recuerda que nuestro valor como seres humanos no depende de lo que poseemos o de lo que hemos perdido, sino de nuestra capacidad de vivir conforme a la virtud, independientemente de las circunstancias. Al enfrentar la pérdida con gratitud y con una actitud de aceptación, podemos encontrar un propósito más profundo y transformar nuestro dolor en una oportunidad para crecer y fortalecer nuestra libertad interior. La pérdida también nos enseña a valorar lo que realmente importa.

En la vida cotidiana, es fácil quedar atrapados en la búsqueda de bienes materiales, el éxito profesional o la preocupación por el estatus social. Sin embargo, cuando enfrentamos la pérdida, nos damos cuenta de que lo que verdaderamente importa no son las posesiones o los logros externos, sino nuestra capacidad de amar, de actuar con integridad, de ser compasivos y de vivir conforme a nuestros valores más profundos. Esta comprensión nos libera de la búsqueda constante de validación externa, del deseo insaciable de acumulación y del miedo a no ser suficiente. En lugar de ello, nos permite centrarnos en lo que realmente nos brinda paz y satisfacción duradera: nuestras conexiones humanas, nuestra capacidad de servir y contribuir, y el cultivo de la virtud. Es en este reconocimiento donde reside la verdadera libertad, una libertad que no depende de las circunstancias externas, sino de nuestra disposición a vivir con autenticidad y propósito, incluso en medio de las adversidades.

LA LIBERTAD ESTOICA: MEDITACIONES SOBRE LA VIRTUD Y EL AUTOCONTROL

"En la serenidad del espíritu, hallo la libertad genuina; la virtud se convierte en la brújula que orienta mi búsqueda de paz interior."

- Meditación: En la serenidad del alma encuentro la verdadera libertad, una que no depende del mundo externo, sino de la armonía interna guiada por la virtud.

"Las cadenas del deseo se desintegran mediante la razón; la mente en equilibrio es mi fortaleza invulnerable."

- Meditación: Cuando la razón gobierna mis deseos, las cadenas se rompen, y mi mente alcanza la solidez de una fortaleza inquebrantable.

"No temo al destino ni a la incertidumbre del mañana; en el presente encuentro un refugio eterno e inmutable."

- Meditación: El presente es mi refugio eterno; no temo al mañana, porque el ahora es donde reside mi poder.

"Las tempestades externas no alteran mi calma interior; en el núcleo de mi ser resuena la sabiduría ancestral."

- Meditación: Las tormentas del mundo no pueden alcanzar el centro de mi ser, donde habita la calma heredada de la sabiduría de los siglos.

"Es verdaderamente libre quien domina sus pasiones; esclavo es quien cede al capricho de sus impulsos."

- Meditación: Dominar mis pasiones es mi mayor acto de libertad; ceder a mis impulsos es aceptar la esclavitud del alma.

"La verdadera riqueza no reside en lo material; la satisfacción se encuentra en la congruencia con la virtud."

- Meditación: La riqueza auténtica no es acumulativa, es interna; se halla en la alineación de mis acciones con la virtud.

"Acepto aquello que está fuera de mi control; transformo lo que se encuentra bajo mi capacidad de acción."

- Meditación: Aceptar lo inevitable y actuar sobre lo posible es la esencia de la libertad; me enfoco solo en lo que está en mis manos.

"El juicio ajeno no determina mi valía; mi dignidad nace de mi propia conciencia y rectitud."

- Meditación: No soy lo que otros piensan de mí; mi valor surge de la conciencia clara y de mi propia rectitud.

"En la renuncia al exceso encuentro plenitud; la moderación se erige como guía constante y recta."
- Meditación: La plenitud reside en el equilibrio, en la moderación que guía mis acciones hacia la verdadera satisfacción.

"La libertad florece en el autodominio; la serenidad es el fruto del esfuerzo consciente."
- Meditación: La libertad es la recompensa del dominio propio; la serenidad es el fruto del cultivo consciente de mi espíritu.

"Ni las ofensas ni los halagos alteran mi ánimo; mi equilibrio se encuentra en la indiferencia hacia lo externo."
- Meditación: Mi equilibrio no depende del ruido externo, sino de la indiferencia hacia lo que no puedo controlar.

"El sabio acepta el curso de la naturaleza; en la armonía con ella encuentra la auténtica libertad."
- Meditación: Fluir con la naturaleza es abrazar la libertad; resistirse es encadenarse a la frustración.

"La virtud es mi escudo frente a la adversidad; en ella encuentro la llave de mi emancipación."
- Meditación: Ante la adversidad, la virtud me protege y libera; es el escudo que me mantiene en paz.

"No posco nada, pero lo tengo todo; mi tesoro reside en la serenidad del alma."
- Meditación: La serenidad del alma es mi mayor posesión; no tengo nada que perder, pues lo esencial está dentro de mí.

"Las opiniones son volubles como el viento; mi norte es la razón, constante e inmutable."
- Meditación: Las opiniones son pasajeras, pero la razón permanece; ella es mi guía firme en el caos de las voces.

"El dolor y el placer son efímeros; la virtud permanece inalterable y eterna."

- Meditación: Ni el dolor ni el placer me definen; solo la virtud es constante y me sostiene más allá de las sensaciones pasajeras.

"En la simplicidad descubro grandeza; en el desapego hallo la verdadera libertad."

- Meditación: En la simplicidad, mi espíritu se expande; en el desapego encuentro la profundidad de la libertad.

"No me aferro al pasado ni temo al futuro; el presente es mi único dominio."

- Meditación: No me encadeno al pasado ni me inquieto por el futuro; el presente es donde ejerzo mi libertad.

"Las preocupaciones se disipan ante la sabiduría; la mente serena es verdaderamente invencible."

- Meditación: La sabiduría me muestra la verdad de cada momento; con una mente serena, soy invencible ante la inquietud.

"La naturaleza me enseña la aceptación; en su flujo constante encuentro paz duradera."

- Meditación: La naturaleza fluye sin resistencia; en ella aprendo la paz que nace de aceptar lo que es.

"No busco aprobación ni temo el rechazo; soy libre en el juicio que emana de mi interior."

- Meditación: Mi libertad no depende de la aceptación ajena; mi valor reside en el juicio recto de mi propia conciencia.

"El autocontrol es la máxima expresión de libertad; en él encuentro mi mayor fortaleza."

- Meditación: El verdadero poder es el autocontrol; en la disciplina interior encuentro la esencia de la libertad.

"Ni la fortuna me exalta ni la pérdida me deprime; mi equilibrio reside en la virtud."

- Meditación: La fortuna y la pérdida no alteran mi ánimo; la virtud es mi constante y mi verdadero tesoro.

"Las voces del mundo no me distraen; escucho la voz silenciosa de la razón interna."

- Meditación: En el bullicio del mundo, busco el silencio interior donde la razón me habla con claridad.

"La serenidad me acompaña en el trayecto; la inquietud se desvanece en la reflexión consciente."

- Meditación: La reflexión serena disipa la inquietud; en la calma, cada paso es seguro y firme.

"El valor reside en enfrentar la existencia con ecuanimidad; la libertad consiste en no temer al destino."

- Meditación: Afronto la vida con valor y equilibrio; la libertad es aceptar el destino sin temor.

"La naturaleza me enseña a fluir; no me opongo a la corriente de la vida, sino que la acepto."

- Meditación: Como el río fluye sin resistencia, así acepto el curso de la vida; en esa aceptación encuentro libertad.

"La virtud es mi guía en la oscuridad; su luz me libera de las sombras de la ignorancia."

- Meditación: La virtud es el faro en la noche de la ignorancia; su luz me lleva hacia la verdad y la libertad.

"No acumulo riquezas materiales; mi verdadera fortuna es el conocimiento interior."

- Meditación: Mi riqueza no está en lo que poseo, sino en el conocimiento y la sabiduría que cultivo en mi interior.

"El presente es mi único y verdadero momento; en él vivo plenamente libre."

- Meditación: El presente es mi única realidad; vivir aquí y ahora es mi mayor acto de libertad.

"Las cadenas invisibles del ego se rompen con humildad; en ella hallo la auténtica libertad."
- Meditación: La humildad desintegra el ego y sus cadenas; en ella encuentro la libertad de ser sin ataduras.

"No temo a la muerte, pues es parte de la naturaleza; la vida es un tránsito hacia la sabiduría."
- Meditación: La muerte es un capítulo natural; vivir sin temor a ella me permite abrazar la vida con sabiduría.

"El silencio interior es mi refugio; en él hallo respuestas eternas y profundas."
- Meditación: En el silencio de mi alma encuentro la paz y las respuestas que el ruido del mundo me oculta.

"La paciencia es mi fortaleza; en la espera consciente encuentro mi libertad."
- Meditación: La paciencia es la fortaleza que me libera de la ansiedad; esperar con consciencia es una forma de libertad.

"No me afano por lo que no depende de mí; mi esfuerzo se enfoca en aquello que puedo transformar."
- Meditación: Mi energía se dirige solo hacia lo que puedo cambiar; todo lo demás lo dejo ir en paz.

"La virtud es mi senda estrecha; en ella encuentro la verdadera amplitud del espíritu."
- Meditación: La senda de la virtud es estrecha, pero en ella mi espíritu se expande y florece.

"La libertad no consiste en hacer lo que deseo, sino en no desear aquello que no necesito."
- Meditación: La verdadera libertad no es cumplir todos mis

deseos, sino liberarme de los deseos innecesarios.

"Las pasiones desordenadas son cadenas que me atan; la razón las disuelve con claridad y firmeza."
- Meditación: La razón ordena mis pasiones y rompe las cadenas que me atan; en ella encuentro claridad y libertad.

"Acepto la naturaleza efímera de todas las cosas; en dicha aceptación encuentro la auténtica libertad."
- Meditación: Todo es pasajero, y en esa verdad encuentro paz; aceptar la transitoriedad es ser libre de los apegos.

"No me dejo vencer por las emociones; soy el dueño de mis propias respuestas internas."
- Meditación: Las emociones no gobiernan mi ser; soy el amo de mi respuesta ante cada estímulo.

"La sabiduría me libera del sufrimiento; en el entendimiento encuentro la paz duradera."
- Meditación: Comprender la naturaleza de las cosas disuelve el sufrimiento; la sabiduría es mi camino hacia la paz.

"El mundo exterior refleja mi mundo interior; cultivo la calma para ver la realidad con claridad."
- Meditación: Lo que veo afuera es un reflejo de mi ser interno; cultivar la calma me permite ver el mundo con verdad.

"Las circunstancias no perturban mi ánimo; permanezco firme y sereno ante los embates de la vida."
- Meditación: Las circunstancias son neutrales; mi fortaleza radica en mantenerme sereno ante ellas.

"La libertad radica en la elección de mi actitud; en cada momento decido cómo vivir."
- Meditación: No puedo cambiar los hechos, pero sí mi actitud; allí reside la verdadera libertad del espíritu.

"Acepto el curso del destino; mi libertad reside en la manera en que recorro el camino."

- Meditación: No elijo mi destino, pero sí la forma en que lo enfrento; esa es la esencia de mi libertad.

"No busco la felicidad en lo externo; la dicha surge desde mi interior."

- Meditación: La felicidad verdadera es un estado del alma, independiente de lo que sucede fuera de mí.

"La naturaleza es mi maestra; en sus ciclos descubro la sabiduría inmutable."

- Meditación: Observo los ciclos de la naturaleza y aprendo de su sabiduría eterna; en su constancia descubro mi paz.

"La virtud es mi armadura; me protege de las tempestades del alma y me fortalece."

- Meditación: La virtud es el escudo que me protege y la espada que me fortalece ante las adversidades.

"En la aceptación del presente encuentro la libertad; el deseo es la cadena que me ata al futuro."

- Meditación: Aceptar lo que tengo ahora es ser libre; el deseo desmedido me encadena a lo que aún no existe.

"Ni temo al fracaso ni me embriago en el éxito; mi centro permanece inamovible."

- Meditación: El éxito y el fracaso son pasajeras sombras; mi equilibrio interno es la luz constante.

"La serenidad es fruto de la disciplina constante; en ella florece mi libertad interior."

- Meditación: La disciplina me conduce a la serenidad, y en esa serenidad descubro la esencia de la libertad.

"La vida es breve como un suspiro; la aprovecho cultivando la virtud sin cesar."

- Meditación: La vida es fugaz, y cada instante cuenta; lo aprovecho viviendo con virtud y propósito.

"No juzgo a los demás ni a mí mismo con dureza; la comprensión me libera del sufrimiento."

- Meditación: Comprender, más que juzgar, es el camino hacia la paz y la libertad del alma.

"El tiempo es un regalo que no derrocho; en cada instante vivo plenamente consciente."

- Meditación: Cada segundo es un don preciado; lo vivo con consciencia plena, sin desperdiciarlo.

"Las necesidades innecesarias son una prisión; la simplicidad es la clave de mi liberación."

- Meditación: La simplicidad me libera del peso de lo innecesario; vivir con poco es vivir sin cadenas.

"No ambiciono lo que no me pertenece; agradezco profundamente lo que la vida me otorga."

- Meditación: No anhelo lo que otros tienen; en la gratitud por lo que es mío encuentro paz.

"La razón ilumina mi sendero; no me extravío en las sombras de la duda."

- Meditación: La razón es la luz que me guía; en ella encuentro la claridad necesaria para cada decisión.

"En el silencio hallo respuestas profundas; la calma se convierte en mi consejera fiel."

- Meditación: En el silencio se encuentran las verdades más hondas; en la calma escucho la voz de la sabiduría.

"Las vanidades no me distraen; la esencia es infinitamente más valiosa que la apariencia.”

- Meditación: Lo superficial no tiene poder sobre mí; mi atención está en lo esencial y duradero.

“El autocontrol es mi libertad más preciada; no cedo a los caprichos de lo momentáneo.”

- Meditación: Cada instante me presenta una elección; elegir con autocontrol es la verdadera libertad.

“La felicidad es una elección interna; no depende de los acontecimientos externos.”

- Meditación: Elijo la felicidad que surge de dentro, independiente de lo que ocurre fuera de mí.

“La naturaleza me enseña a dejar ir; en el desapego descubro la verdadera libertad.”

- Meditación: Los árboles sueltan sus hojas en otoño; así suelto yo lo que ya no sirve, para ser libre.

“La sabiduría me enseña cómo vivir; en ella encuentro mi máxima libertad.”

- Meditación: La sabiduría es la brújula que guía mi vida; en ella descubro la senda de la verdadera libertad.

“No me comparo con los demás; mi camino es único y suficiente en sí mismo.”

- Meditación: Cada uno tiene su sendero; caminar el mío con dignidad es la fuente de mi paz.

“La humildad me hace verdaderamente grande; en ella descubro mi verdadera estatura.”

- Meditación: La humildad es la base sobre la que se edifica mi grandeza; en ella encuentro mi verdadero valor.

“El perdón me libera del rencor; en la compasión encuentro la paz profunda.”

- Meditación: Perdonar no es justificar, es liberar; en la compasión por el otro encuentro mi propia paz.

"No me angustio por el mañana; el presente es la única realidad que poseo."
- Meditación: Solo el presente es real; vivir plenamente ahora es la única manera de ser libre del futuro.

"La moderación es mi guía constante; en el justo medio reside la libertad auténtica."
- Meditación: En la moderación encuentro equilibrio; el exceso, en cualquier sentido, es una forma de esclavitud.

"El amor a la virtud me eleva; en su práctica hallo la verdadera emancipación."
- Meditación: Practicar la virtud es la verdadera elevación del espíritu; en su ejercicio encuentro la libertad.

"No poseo nada que no pueda perder; mi tesoro es inmaterial y eterno."
- Meditación: Lo que poseo externamente es pasajero; mi verdadera riqueza reside en lo que nadie puede arrebatarme.

"La verdad es mi norte inalterable; en ella encuentro la libertad del espíritu."
- Meditación: La verdad es el faro que ilumina mi vida; en su luz encuentro mi libertad.

"No temo a los cambios; en ellos descubro la esencia misma de la vida."
- Meditación: La vida es cambio constante; abrazar esa verdad me libera del temor al porvenir.

"La comprensión me libera de la ignorancia; el conocimiento es el camino hacia la libertad."
- Meditación: Entender es liberarse; el conocimiento me guía

hacia la emancipación del alma.

"La paz interior es mi meta constante; en ella encuentro la liberación de todas las perturbaciones."
 - Meditación: La paz no se encuentra fuera, sino dentro; en su cultivo, me libero de toda inquietud.

"No permito que el miedo me domine; el valor es mi compañero inseparable."
 - Meditación: El miedo es un visitante pasajero; el valor, mi compañero eterno.

"La alegría simple es mi mayor recompensa; no necesito más para ser verdaderamente libre."
 - Meditación: La sencillez trae consigo la alegría verdadera; en la ausencia de deseos complicados hallo la libertad.

"El respeto por la naturaleza me enseña humildad; en ella descubro mi lugar verdadero."
 - Meditación: La naturaleza me muestra cuán pequeño soy y, a la vez, cuán conectado estoy con el todo.

"No me dejo llevar por la multitud; sigo la voz serena y sabia de la razón."
 - Meditación: No sigo a la multitud sin reflexión; la razón es mi verdadera guía, no el consenso.

"La paciencia es mi virtud fundamental; en ella encuentro la libertad frente al apresuramiento."
 - Meditación: La prisa es la enemiga de la paz; en la paciencia descubro el ritmo natural de la vida.

"El agradecimiento abre mi corazón; en la gratitud soy libre de deseos superfluos."
 - Meditación: La gratitud llena mi ser; en ella descubro la plenitud y la ausencia de carencias.

"No me esclavizan las opiniones ajenas; mi juicio es autónomo y soberano."
 - Meditación: Mi libertad radica en no depender de lo que otros piensen; mi juicio es mi verdadera soberanía.

"La esperanza me guía en la oscuridad; en ella confío para avanzar con firmeza."
 - Meditación: La esperanza es la luz que me guía cuando no veo el camino; confiar en ella es un acto de fe y libertad.

"La libertad está en vivir conforme a la naturaleza; en la armonía hallo la paz profunda."
 - Meditación: Vivir de acuerdo con la naturaleza es ser libre; en esa sintonía, la paz se convierte en mi compañera.

"No me perturban las pérdidas; sé que nada verdaderamente me pertenece."
 - Meditación: La pérdida es una ilusión, pues nada es mío realmente; en el desapego descubro mi libertad.

"La disciplina es el sendero hacia la libertad; en ella encuentro mi fortaleza esencial."
 - Meditación: La disciplina no me limita, me libera; en el orden encuentro la verdadera fortaleza del ser.

"Una mente clara es mi mayor tesoro; la mantengo libre de pensamientos superfluos."
 - Meditación: La claridad mental es mi mayor riqueza; cuidar mi mente es cultivar la verdadera libertad.

"No me dejo arrastrar por las emociones; las observo y las dejo pasar con ecuanimidad."
 - Meditación: Las emociones son visitantes momentáneos; las observo sin reaccionar, y así conservo mi paz.

"El equilibrio es mi meta constante; en la justa medida descubro la verdadera libertad."
 - Meditación: El equilibrio es el camino del medio; en él descubro la libertad de los extremos.

"La humildad me protege del orgullo; en ella soy libre de mí mismo."
 - Meditación: La humildad me libera del peso del ego; en ella encuentro la paz y la verdadera grandeza.

"No ansío lo que otros poseen; estoy en paz con lo que soy y con lo que tengo."
 - Meditación: Mi riqueza es lo que soy, no lo que tengo; en la ausencia de anhelo, encuentro la libertad.

"La aceptación me libera de la frustración; en ella encuentro la serenidad necesaria."
 - Meditación: Aceptar la realidad tal como es me libera de la frustración; en esa aceptación está la serenidad.

"La reflexión es mi hábito fundamental; en el pensamiento profundo hallo la libertad del ser."
 - Meditación: Reflexionar es conocerse a sí mismo; en la profundidad del pensamiento encuentro la clave de la libertad.

"No me engaño con ilusiones vanas; busco la verdad en todas las cosas."
 - Meditación: Las ilusiones son espejismos que distraen; busco la verdad con firmeza y en ella encuentro mi libertad.

"El contentamiento es mi fuente de alegría; en la simplicidad encuentro la satisfacción plena."
 - Meditación: Contentarme con lo que tengo es la raíz de la felicidad; en la simplicidad hallo la dicha verdadera.

"La compasión es mi guía en la vida; en el amor al prójimo

descubro mi libertad más genuina.”

- Meditación: La compasión me eleva más allá del egoísmo; en el amor hacia los demás encuentro la verdadera emancipación.

“No me ato al pasado; el presente es mi única y auténtica realidad.”

- Meditación: El pasado no tiene poder sobre mí; el presente es la única realidad que existe y donde reside mi libertad.

“Una mente serena es mi fortaleza invulnerable; en la calma descubro la verdadera libertad.”

- Meditación: La calma interior es la base de mi fortaleza; con una mente serena, soy verdaderamente libre.

“La virtud me conduce a la felicidad duradera; en su práctica soy genuinamente libre.”

- Meditación: La virtud es el camino hacia la felicidad verdadera; vivirla es la mayor expresión de libertad.

“No temo a la soledad; en ella encuentro la compañía de mi verdadero ser.”

- Meditación: La soledad no es ausencia, es la oportunidad de encontrarme a mí mismo; en ella descubro la paz.

“La libertad es vivir sin temor ni deseos excesivos; en la virtud descubro mi auténtico camino.”

- Meditación: Vivir sin miedo y sin deseos excesivos es la clave de la libertad; la virtud me muestra el verdadero sendero de mi vida.